52 COSAS QUE LOS HIJOS NECESITAN DE SUS MAMÁS

ÁNGELA THOMAS

Unilit

Sepa

Publicado por
Unilit
Medley, FL 33166

Primera edición 2015
Primera edición 2019 (Serie Favoritos)

Originalmente publicado en inglés con el título:
52 Things Sons Need From Their Moms por Angela Thomas.
Publicado por Harvest House Publishers
Eugene, Oregon 97408
www.harvesthousepublishers.com

Traducción: *Dr. Andrés Carrodeguas*
Diseño de la cubierta: *2015 © Rinitka, Helga Pataki. Usadas con permiso de Shutterstock.com.*

Producto 497174
ISBN 0-7899-2482-X
ISBN 978-0-7899-2482-7

Impreso en Colombia
Printed in Colombia

Categoría: Vida cristiana / Relaciones / Crianza de los hijos
Category: Christian Living / Relationships / Parenting

Contenido

Un hijo necesita que su mamá...

1

Un hijo necesita que su mamá

Se mantenga cerca de Jesús

Porque de tal manera amó Dios al mundo, que dio a su Hijo unigénito, para que todo aquel que cree en Él, no se pierda, mas tenga vida eterna. Porque Dios no envió a su Hijo al mundo para juzgar al mundo, sino para que el mundo sea salvo por Él.

Juan 3:16-17

Hola, mi nueva amiga.

Hoy mi deseo es que nos fuéramos a tomar un café en lugar de que este incómodo primer encuentro fuera en una página. Durante meses me he estado tratando de imaginar tu aspecto. Dónde vives. La edad y la etapa de tu hijo. ¿Está profundamente dormido en tu regazo ahora mismo? ¿Tienes este libro apoyado en su manta o en un juguete suyo? ¿Te acaba de gritar tu hijo: «Mami, te quiero», y después sale corriendo al patio para jugar? ¿Aprovechas este momento para almorzar en tu oficina mientras tu hijo está en la escuela o en la guardería? ¿Esperas a que te vengan a buscar para ir al trabajo? ¿Estás sentada en el suelo mientras él duerme su siesta? ¿O esperas fuera de la puerta a que termine su lección de música?

Cielos, de veras que hubiera deseado que tomemos un café juntas. Me encantaría que me lo contaras todo acerca de él.

Las palabras de una página me parecen una manera bastante torpe de empezar porque se pierde lo que podría marcar por completo una diferencia. El tono. La expresión. La risa. Una sonrisita. Un guiño. Una lágrima. Añoro que sepas que estoy de tu parte. No te escribo desde un púlpito. No mecanografío desde un ambiente académico muy lejano. Mujer, ¡yo formo parte de tu equipo! Las mamás con hijos varones son mi gente. Vaya, si vivieras en la misma calle que yo, tendríamos que ser amigas.

Tal vez esto nos ayude. Me he estado tratando de imaginar dónde estás, así que aquí tienes ahora mismo una imagen sincera de mi persona.

Trabajo en casa, por eso estoy aquí. En mi casa hay una «oficina» para mí, pero lleva meses hecha un desastre. Hoy tengo allí a un señor que está fabricando unas estanterías, así que estoy al otro lado de la casa, en mi dormitorio. Tengo mi computadora portátil y un par de libros; los pies me cuelgan por el borde de la cama. Durante todo el mes pasado, usé la misma versión de mi uniforme para escribir. Pantalones cortos de ir al gimnasio, una camiseta y unas chancletas. Sin maquillaje, por supuesto. Mis hijos son adolescentes y hoy no hay clases, así que mi puerta se ha estado abriendo y cerrando, abriendo y cerrando, abriendo y cerrando. Cada vez que la abren, me olvido de lo que estoy escribiendo porque comenzamos a hablar cosas sin importancia. De seguro que cualquiera podría escribir más rápido que una mamá con adolescentes charlatanes, encerrada en su habitación mientras se sienten en el aire los disparos de una pistola de clavos.

Es posible que yo vaya unos pocos años por delante de ti, pero tengo la esperanza de que puedas escuchar mi corazón. Formo parte de tu equipo. Estoy aquí para ti. Estas palabras acerca de la crianza de los hijos varones te las escribo para darte ánimo, sin juzgarte. Es probable que me parezca mucho a ti porque entré a esta gigantesca tarea sin calificación alguna, y desde entonces, he estado metida en ella hasta la coronilla. Ahora, al comenzar juntas estas páginas de aliento, quiero hacerlo por las cosas más importantes.

Si he hecho algo bien como mamá, es por Jesucristo. Y si las cosas que he hecho mal no han arruinado para siempre a mis hijos, una vez más te digo que solo se debe a Jesús.

No tengo idea acerca de tu tradición de fe, por eso no tengo manera de saber qué significa para ti el nombre de Jesús. He aquí lo que Jesús significa para mí:

Crecí entre gente que hablaba de Jesús y asistía a una iglesia donde se le adoraba. Hasta que fui mayor, casi todo lo que sabía acerca de Él lo había aprendido con mis padres y en mi iglesia.

Entonces, mi educación universitaria me enseñó a hacer preguntas y, al final, comencé a hacer preguntas acerca de mi fe. *¿Qué me dicen de Jesús? ¿Era de veras quien dijo que era? ¿Es el Hijo de Dios? ¿Murió en una cruz y después, tres días más tarde, salió vivo de su tumba?*

Así que busqué y estudié, leí e investigué, e hice todas las preguntas hasta que mi alma estaba satisfecha. Una y otra vez, la respuesta era un *sí*, Jesús es de veras el Hijo de Dios. El Antiguo Testamento prometía un Mesías y Jesús es el cumplimiento de esa promesa. Jesús vivió en esta tierra y murió en una cruz. Tres días más tarde, resucitó. Más de quinientas personas vieron a Jesús resucitado. La Biblia es el historial del amor de Dios y contiene su sabiduría para nuestra vida.

Si Jesucristo es el Hijo de Dios, la única decisión lógica que podía tomar era la de seguirle. Él se tenía que convertir en el centro de mi vida. Hoy en día, mi vida está llena de emoción, pero seguir a Jesús no fue para mí una decisión emocional. El hecho de haberme convertido en seguidora de Cristo fue el resultado lógico de una búsqueda sincera.

Te cuento mi peregrinación porque quiero que comprendas el peso de mis palabras. La primera lección que hay en este libro no la pensé para que fuera espiritual ni emocional, ni parezca santurrona. Comencé con este asunto primero porque es lo más importante que puedo ofrecer. Tu hijo necesita que confíes en Cristo y te mantengas cerca de Él.

Confiar en Cristo no tiene nada que ver con guardar una tradición. Ni con irse a sentar a una iglesia. Ni con hacer cosas buenas junto con la gente de la iglesia. Si no conoces a Jesús, para mí sería un honor presentártelo. Él es el Señor de todo, pero más que eso, la Biblia dice que te ama con una clase de amor que es eterna y que te diseñó de tal manera para que vivieras en una estrecha relación con Él. La Biblia dice que todo aquel que cree que Jesús es el Señor, puede correr hacia Él.

Él es el Único capaz de perdonarte y limpiarte.

Sus palabras son las únicas que tienen poder para cambiar tu vida.

Su camino es el único donde puedes hallar descanso para tu cansada alma.

Él es Aquel que te quiere redimir de tus quebrantos y sanar tus heridas.

Él es fiel y es el Protector de quienes se encomiendan a su cuidado.

Tal vez le hayas oído decir a alguien: «Yo no habría podido llegar a ninguna parte sin Jesús». Así es exactamente como me siento yo. Sin una relación viva y creciente con Jesucristo, no tengo manera alguna de convertirme en la mamá que necesita mi hijo.

La cosa más importante que harás alguna vez es la de convertirte en seguidora de Jesucristo. Y puedes tomar esa decisión dondequiera que estés. El Dios que te ama no está lejos; está allí mismo contigo ahora. Convertirte en seguidora no se trata de volver a una tradición vacía. Convertirte en seguidora significa que toda tu vida queda reorganizada alrededor de Cristo en el centro.

Mi nueva amiga mamá, oro para que confíes en Jesús y estés cerca de Él. La verdad es que no necesitas en realidad el resto de mis palabras. Espero que signifiquen algo para ti y espero que te inspiren. En cambio, si estás buscando el poder que te convertirá en una mamá maravillosa para tu hijo, o el poder para cambios repentinos, o el poder para soportar la prueba a la que te enfrentas, yo no puedo darte eso.

Jesús es el Único que necesitas.

2

Un hijo necesita que su mamá

Esté llena a diario de la poderosa gracia de Dios

Pero Él da mayor gracia.

Santiago 4:6

Las *buenas mamás hacen bien todas las cosas.*

Espero que algunas de ustedes acabe lanzando este libro a través de la cafetería, declarando a nadie en particular: «Renuncio». Tal vez sacaras en seguida tu computadora portátil y comenzaras a mecanografiar una respuesta para publicar en tu blog. En cambio, es posible que esas palabras te hicieran sentarte derecha. El hormigueo del desafío te corre por las venas, mientras te dices: *Ya lo tengo*. A primera vista, casi parece algo noble, ¿no crees? *Las buenas mamás hacen bien todas las cosas.*

Ese dicho trivial tan bonito parece bastante cierto hasta que la realidad te despierta de tu sueño. El resplandor que llena el cuarto te dice que volvió a suceder: a la familia entera se les pegó las sábanas. Apresuras a tus hijos para que se pongan unas ropas que ni siquiera combinan y los haces correr hasta el autobús. Sujetan con fuerza unas rosquillas rancias y unos refrescos, en lugar del saludable desayuno que tenías pensado hacerles. Les besas sus cabezas soñolientas, saludas al conductor con un *Lo siento,* y luego te quedas parada por un momento dejando que se te calme tu acelerado corazón. Al instante, vuelves a la cocina y vas directo a la cafetera, donde le declaras al perro: *Si las buenas mamás hacen bien todas las cosas, estoy descalificada.*

En la Biblia hay un pasaje que dice: «Porque por gracia ustedes han sido salvados mediante la fe; esto no procede de ustedes, sino que es el regalo de Dios, no por obras, para que nadie se jacte» (Efesios 2:8-9, NVI®). Cuando me convertí en seguidora de Jesús, entendí que el regalo de la salvación de Dios me llegó por gracia. No merecía ese regalo suyo, ni había nada que pudiera haber hecho para ser digna de merecerlo. La gracia de Dios es un regalo que no se puede ganar. La gracia que recibimos cuando somos salvos es una inmensa y hermosa verdad teológica. Sin embargo, esa gracia solo es el comienzo. Dios nos sigue dando gracia a sus seguidores y esa gracia es el medio por el cual vivimos y caminamos en verdadera santidad.

Muchas personas pueden pasarse toda la vida tratando de ganarse su camino. Creen por error que si hacen lo que es bueno, la vida con todos sus retos les irá saliendo bien. *Si mis calificaciones son lo bastante buenas. Si cumplo las reglas a la perfección. Si no provoco agitación y me mantengo en la senda buena y estrecha, y nunca tengo nada que ver con esa gente. Si doy mi tiempo y mi dinero y mi energía. Si hago y hago y hago y hago. Y si los hago felices. Entonces, tal vez, solo tal vez, me irá bien en la vida.*

Señor, ten piedad. Esa es la mujer que he sido yo. Y lo lamentable es que esa mujer se convirtió primero en la mamá de mis hijos.

Me duele recordarlo.

Cuando una mamá cree por equivocación que *hace bien todas las cosas → buenos hijos con una vida buena*, es posible que la Biblia le diga que es una farisaica. Los fariseos creían que guardar las normas hacía que uno fuera una mejor persona. Esos esfuerzos tan fuertes son de la clase de cosas que al principio no se notan, como las nubes negras que se van deslizando por el horizonte. Sin un cambio milagroso, el huracán de *hacer bien todas las cosas* que llevas en el corazón se define como una desastrosa tormenta que va rumbo a tu camino.

Lo más fácil del mundo es transferirles todas nuestras expectativas poco realistas a nuestros hijos.

Tal vez les vaya bien en todas las cosas en las que a nosotros no nos ha ido bien.

O quizá tomen todas nuestras cosas buenas y las hagan todavía mejores.

Y de seguro habrá alguna grandiosa recompensa cósmica llena de bendiciones por todas nuestras bondades.

Me parece que apoyé la fantasía de la Supermamá con buenas intenciones. Los años fueron pasando y las nubes de la tormenta se fueron haciendo cada vez más oscuras, y mientras más me esforzaba por «ser», menos gracia había en mi vida. Lo peor de todo es que había unos pequeños ojos que observaban cada uno de mis movimientos.

Era una experta en Biblia que sabía muchas cosas acerca de la gracia necesaria para la salvación, pero también era una mujer orgullosa que me perdía la gracia diaria de Dios para mi alma. El encuentro con esa gracia diaria de Dios para mi vida fue la gracia que me liberó. La gracia que mis hijos necesitaban con urgencia. Y la gracia que echó al mar de forma milagrosa el huracán en el que me estaba convirtiendo.

Las mujeres de mi vida en ese momento fueron fundamentales en mostrarme el aspecto de la gracia, lo que parece y cómo se siente esa gracia. Me encanta lo que escribió Joanna Weaver: «No sabía que estaba seca hasta que empecé a andar entre gente mojada»*. Yo había vivido muy seca sin la gracia y en realidad no conocía ningún otro camino. Tal vez hoy tú tampoco conozcas otro camino. Mi oración es para que este sea el día en el que la gracia de Dios comience a caer como lluvia sobre tu alma seca.

> De su plenitud todos hemos recibido gracia sobre gracia (Juan 1:16, NVI®).
>
> Acerquémonos confiadamente al trono de la gracia para recibir misericordia y hallar la gracia que nos ayude en el momento que más la necesitemos (Hebreos 4:16, NVI®).
>
> Más bien, crezcan en la gracia y en el conocimiento de nuestro Señor y Salvador Jesucristo (2 Pedro 3:18, NVI®).

La gracia suaviza a las mujeres duras. La gracia hace alegres a las mujeres iracundas. La gracia perdona a los que nadie perdona. La gracia entierra los rencores. La gracia ama a los que nadie ama y ve potencial donde el mundo no ve nada. La gracia mira más allá de los fallos una y otra y otra vez. La gracia no se da por vencida con nadie por ninguna razón. La gracia siempre espera, siempre ama, siempre cree, siempre intenta.

Cuando una mamá capta lo que es la gracia de Dios, se libera con ese mismo poder. Se libera para perdonarse a sí misma y perdonar a su familia. Se libera para ver lo que importa de verdad en la vida y después corre a buscarlo. Se libera para reír con sus hijos y para aceptar las extravagancias de su esposo. Se libera para soportar las dificultades y los sufrimientos, para regocijarse en los éxitos y para andar en busca de su pasión.

¿Te está hablando Dios hoy? ¿Acaso no quieres ser libre? Jesús dice que todos los que lo pidan pueden ser verdaderamente libres.

Tu hijo necesita una mamá que esté llena de la abundante gracia diaria de Dios. Después de seguir a Jesús, este es el regalo más poderoso, dador de vida y de paz que puedes llevar a su vida. Mi profesor favorito en el seminario, el Dr. Howard Hendricks, dijo esto más veces de las que puedo recordar: «No se puede impartir lo que no se posee». La realidad de esas palabras me habla en lo profundo como mamá. No les podemos dar a nuestros hijos varones una gracia que no tenemos nosotras.

Estar llena de gracia es recibir la plena aceptación de Dios tal como eres. Él siempre ha conocido tus limitaciones y tus puntos fuertes, pero el Dios que te conoce tan bien te sigue amando en realidad. Aunque nunca mejores en nada en esta vida, la buena noticia es que de todas maneras nunca le habrías tenido que demostrar nada. Eres suya. ¿Quisieras dejar que la gracia de Dios te llene el corazón y te libere?

Estar llena de la gracia es poseer la mismísima cosa que Dios quiere que le des a tu hijo. Cuando vives de la gracia, tu hijo actuará bien o fracasará, pero ninguna de las dos cosas tendrá poder para cambiar el amor de su mamá. Estar llena de la gracia de Dios significa que el estado de su alma te importa más que los horarios, las reglas y las apariencias. Por la gracia, el amor de Dios se convierte en tu medida, de manera que las notas y las clasificaciones de tu hijo no pueden asignarle su valía. Tu fe está puesta en Dios y tus ojos están fijos en Él, así que tu hijo va a ser fenomenal. No tiene que crecer para convertirse en tu salvador. Cuando vives de la gracia, tu hijo observa que depositas las preocupaciones de este mundo sobre el altar de Dios. Tomas decisiones para tu hijo previendo la eternidad, en lugar de tomar reacciones instantáneas nacidas de la preocupación o del temor.

¿Qué te parecería una definición revisada y llena de gracia? Una buena mamá hace las cosas lo mejor que puede a partir de la gracia de Dios.

El Señor permita que un día se pueda decir de ti y de mí: *Estaba llena de gracia y eso marcó toda la diferencia.*

---

* Joanna Weaver, *Cómo tener un corazón de María en un mundo de Marta*, Editorial Peniel, Miami, FL, 2004, p. 145 (del original en inglés).

3

Un hijo necesita que su mamá

Edifique un legado de gracia

Pues de su plenitud todos hemos recibido, y gracia sobre gracia.

Juan 1:16

Hace algunos años, nuestra familia habló varias veces acerca de invitar a un estudiante extranjero para que viniera a vivir con nosotros. Yo estaba en medio de una de esas conversaciones con mis hijos varones, cuando les dije:

—Muchachos, creo que ese estudiante, quienquiera que sea, necesita que esté prevenido.

—Mamá, ¿qué quieres decir con eso de que *esté prevenido*? —me preguntó uno.

—Bueno, ya sabes, alguien le debería decir qué clase de gente somos. Tal vez no quiera vivir con una familia como la nuestra. Me parece que debería saber antes que nosotros tenemos nuestras reglas —le expliqué.

Mis dos hijos varones, que entonces tenían dieciocho y dieciséis años, me miraron desde el otro lado de la encimera de la cocina como si por fin me hubiera vuelto loca. Entonces, en estéreo y con una sinceridad total, me preguntaron:

—¿Qué reglas?

Me quedé allí de pie solo por un segundo y sonreí. Entonces, me faltó poco para llorar de gozo. Ese fue uno de mis mejores momentos como mamá. Mis hijos, ya casi adultos, con los ojos bien abiertos y el rostro inexpresivo no sabían que teníamos reglas. Así que les comencé a mencionar unas cuantas.

—Claro que tenemos reglas. Como la de que nadie se puede escapar de la casa en la oscuridad de la noche e ir corriendo a la esquina para comprar drogas. No se pueden decir mentiras. Nadie se puede quedar fuera de la casa más tiempo del que acordamos.

Ya iba tomando impulso con mi lista, hasta que me interrumpieron.

—Ah, sí. De acuerdo, sí.

Al fin los chicos entendieron.

—Es probable que debas asegurarte de que sepa todas esas cosas por adelantado.

Gloria a Dios, esos dos hijos míos se rieron a carcajadas cuando les dije que nuestra familia tiene reglas. *Ah, Jesús, te lo agradezco. Es solo por tu gracia.*

Si la gracia del Señor Dios Todopoderoso no se hubiera apoderado de mí en mis primeros años de mamá, me temo que mis hijos adolescentes habrían estado contando los días hasta que pudieran quedar libres de la cárcel que les construí. Las riquezas de la gracia de Dios cambiaron de veras mi naturaleza. Solo la gracia puede hacer que un hogar con fuertes reglas parezca el lugar más pacífico y sencillo de la tierra. Estoy muy agradecida porque la gracia de Dios liberó a esta mamá tan dada a guardar normas y hacerlo todo perfecto. ¿Sabes qué aspecto tiene un lugar donde vive la gracia?

Cuando la gracia quebranta a la supermamá para sacarla de la cárcel, tu hogar se convierte en el lugar donde vive la gracia. Todos los chicos de nuestro vecindario quieren estar metidos en la casa donde vive la gracia. Hay más tierra que barrer, hay más meriendas que hacer y la hierba no crece fuera de la puerta del patio ni debajo del columpio. En cambio, los chicos vienen, se quedan y reciben amor donde vive la gracia.

Es posible que haya un poco más de polvo encima del televisor y tal vez los armarios estén un poco atascados de cosas, pero los corazones se atienden donde vive la gracia. La dirección de la familia se ha convertido en el recurso, en lugar de la meta. Los calendarios importan, pero las almas importan más.

Siempre hay suficiente para uno más donde vive la gracia. Uno más para la cena. Uno más para quedarse esta noche a dormir. Un abrazo más. Un beso más.

Las luces están encendidas hasta tarde donde vive la gracia. La gracia se queda despierta para escuchar, abrazar en la oscuridad y enjugar lágrimas de desilusión y dolor.

Donde vive la gracia, puedes ver gente danzando porque las madres cuelgan el teléfono, ponen alta la música y danzan para celebrar las victorias de sus hijos. Entonces, algunas veces, los hijos observan desde detrás de su cereal y «captan» la gracia de una mamá algo tonta.

Allí puedes escuchar cosas como «Perdóname, por favor, estaba equivocada. Me sentía frustrada, pero te amo. Tú eres mi tesoro. Tú eres mi bendición. Déjame que ore por ti».

Las reglas de la casa donde vive la gracia son límites sabios cuyo propósito es proteger. La gracia sabe convertir las fuertes rejas de las reglas en gruesas paredes de amor. Y cuando las reglas van envueltas en amor, se vuelven casi invisibles.

Los ojos de los hijos en el lugar donde vive la gracia resplandecen con gozo y esperanzas. No los hieren con unas expectativas imposibles. No los alejan por el rechazo. Se les abraza, acepta y ama.

Las mamás de la casa donde vive la gracia solo son normales, mamás de todos los días, pero Dios vive en su interior. Por el poder de Él, se vuelven santas, justas y buenas. Tropiezan, pero se recuperan con rapidez. Cometen errores, pero dicen: «Lo siento». Sobre ellas soplan los mismos vientos de adversidad, pero sus corazones se siguen manteniendo tiernos para Dios.

La mamá del hogar donde vive la gracia conoce la diferencia que trae consigo la gracia de Dios. Se da cuenta de que la gracia de Él por medio de ella es uno de los regalos más poderosos que puede hacer. Sabe que para ser mamá se necesita más gracia de la que ella tiene, así que se mantiene muy cerca de Jesús para que Él se la supla.

Para criar un hijo varón en estos días hace falta una mamá que posea un equilibrio entre la fortaleza y la gracia. A decir verdad, nunca he sentido que sea lo suficiente en ninguna de las dos cosas... y la parte del equilibrio, bueno, tal vez nunca la llegue a lograr. Sin embargo, esa suave conciencia de la gran falta de esas cosas que tengo logra que siga haciendo una sola cosa cada día. Corro al encuentro de Jesús. Y después, corro al encuentro de Jesús. Y sigo corriendo al encuentro de Jesús.

He aquí algo que sé con toda seguridad: Jesús te suplirá toda la gracia que necesites.

Una de las más sorprendentes tomas de conciencia acerca de la gracia en mi vida fue aprender que la gracia es el poder dominante. O como mis pequeños me solían decir: «Mamá, si tú pudieras tener un superpoder, ¿cuál sería?». Ahora ya sé la respuesta. Saltar por encima de grandes edificios y tener vista de rayos X no son nada comparados con la gracia. La plenitud de la gracia es más fuerte que las emociones producto de la ira. Es más fuerte que la perspectiva perdida y las decisiones absurdas. Es más poderosa que los pequeños que hacen pucheros y los adolescentes que se rebelan. Cuando estás llena de gracia, Dios te puede dar una sabiduría y un discernimiento mayores que todo lo que hayas conocido jamás. Con el poderoso don de la gracia de Dios, me han venido más autoridad, paciencia y paz de las que hubiera experimentado jamás.

Desde la plenitud de la gracia, Dios cambió el enfoque de la crianza de mis hijos, de manera que el estado del corazón de ese hijo fuera mi principal preocupación. Su corazón se halla en el centro de mis oraciones por él, y es mi primera consideración en todas las situaciones y todas las decisiones que tomo por él.

¿Tiene un buen corazón? ¿Son sus motivaciones humildes o centradas en él mismo? ¿Qué le va a hacer a su corazón esta decisión? ¿Cómo afectarán a su corazón mis palabras?

Después le pido a Dios, por su gracia, que me ayude a ver con claridad. Que mi discernimiento sea sincero, no distorsionado por mis sentimientos. Que no sea una mamá que lleve anteojeras puestas cuando lo mire a él. Tampoco querría ser la mamá que bombardea a su hijo con análisis mordaces. Tanto como me sea posible, quiero verlo como lo ve Dios. La consideración del corazón de mi hijo se ha convertido en mi guía constante, en especial a lo largo de estos años de su adolescencia. Si considero primero su corazón...

- El asunto más importante es atender el corazón y no solo la acción.
- Soy capaz de ver el dolor que quizá pasara por alto cuando solo reaccioné ante la situación.
- Mi disciplina atada a la gracia impide que unas fuertes consecuencias se conviertan en un castigo inmerecido.
- Sus virtudes no están ocultas ni inadvertidas tras sus errores.
- La risa me viene con mayor facilidad cuando hay un buen corazón y un error sincero.

La gracia lo cambió todo para mí. Mi enfoque. Mi tono. Mi semblante. Mi gozo. Así que si pudiera darle en realidad un superpoder a mi hijo, ese sería el superpoder de la gracia de Dios.

El Señor permita que la gracia de Dios se convierta en tu superpoder. Y que puedas edificar un legado de gracia para tu hijo.

4

Un hijo necesita que su mamá **Ore**

Seamos constantes en la oración.

Romanos 12:12, RVC

Thomas tiene cinco años de edad y es posible que sea el chiquillo más encantador que puedas ver jamás. Su mamá es mi querida amiga, vecina y bloguera maravillosa, Amy Heywood*. Cuando Thomas comenzó el preescolar este año, Amy me envió una nueva versión de la misma foto cada día de su primera semana. Después de la escuela, Amy recogía a Thomas primero y después le daba la vuelta con el auto al edificio hasta el lugar donde iban a esperar a sus hermanas. Cada tarde, alrededor del tiempo en que recogía a sus hijos en el auto, yo recibía una nueva foto de Thomas con el cinturón de seguridad puesto en su portabebés. Rendido. Era evidente que el preescolar era una experiencia agotadora.

Entonces, hace unos pocos días, Amy me envió este texto: «Los niños y yo íbamos orando mientras nos dirigíamos a la escuela, y las niñas y yo orábamos por cosas pequeñas de todos los días, de esas cosas básicas que consisten en pedir ayuda para pasar el día, pero cuando le tocó el turno a Thomas, dijo: "Señor, dame poder para conquistar reinos. Amén". Al parecer, la opinión de Thomas es la de crecer o volver a la casa. Ser un hombre conforme al corazón de Dios...».

¡Increíble! Metido muy dentro del corazón del niño preescolar más precioso de todos los tiempos está el corazón del hombre en que se está convirtiendo. Me uno a Thomas y oro sobre él Hebreos 11:32-34:

Padre, te ruego por nuestro Thomas. Te pido que se convierta en un hombre como el fiel que vino antes que nosotros. Que llegue a ser como esos de quienes está escrito:

«¿Y qué más diré? Pues el tiempo me faltaría para contar de Gedeón, Barac, Sansón, Jefté, David, Samuel y los profetas; quienes por la fe conquistaron reinos, hicieron justicia, obtuvieron promesas, cerraron bocas de leones, apagaron la violencia del fuego, escaparon del filo de la espada; siendo débiles, fueron hechos fuertes, se hicieron poderosos en la guerra, pusieron en fuga a ejércitos extranjeros».

En el nombre de Jesús, amén.

Tu hijo necesita una mamá que ore por el hombre en el que se está convirtiendo. Una mamá que les pida a otros que oren por él. Una mamá que ora sobre él y para él las poderosas verdades de las Escrituras.

Una buena amiga me acaba de dar un diario que lleva impreso al final de cada página un versículo bíblico con mi nombre insertado dentro del versículo. ¿Te puedo decir cuánta vida cobra un versículo cuando una lo lee con su propio nombre dentro de sus palabras? De la misma manera, nosotras podemos orar por nuestros hijos varones con las Escrituras. Espero que los versículos que aparecen a continuación te ayuden a empezar a orar con las Escrituras por tu hijo. Aun así, no permitas que esta lista sea la única. Siéntate con tu Biblia, lee con el corazón y ora esos pasajes bíblicos sobre su vida. Sigue adelante e inserta el nombre de tu hijo en los espacios en blanco.

Ellos le dijeron: «___________, cree en el Señor Jesucristo, y se salvarán tú y tu familia» (Hechos 16:31, RVC).

___________, crece en la gracia y en el conocimiento de nuestro Señor y Salvador Jesucristo. ¡A él sea la gloria ahora y para siempre! Amén (2 Pedro 3:18, NVI®).

¡Así que sé fuerte y valiente, ___________! No tengas miedo ni sientas pánico frente a ellos, porque el SEÑOR tu Dios, él mismo irá delante de ti. No te fallará ni te abandonará (Deuteronomio 31:6, NTV).

Crea en ___________, oh Dios, un corazón limpio, y renueva un espíritu recto dentro de él (Salmo 51:10).

Sé misericordioso, ___________, así como tu Padre es misericordioso (Lucas 6:36).

Que estés siempre gozoso, __________ (1 Tesalonicenses 5:16).

Que nadie te menosprecie por ser joven, __________. Al contrario, que los creyentes vean en ti un ejemplo a seguir en la manera de hablar, en la conducta, y en amor, fe y pureza (1 Timoteo 4:12, NVI®).

__________, todo lo puedes hacer por medio de Cristo, quien te da las fuerzas (Filipenses 4:13, NTV).

¡Que el Dios de la esperanza llene a __________ de todo gozo y paz en la fe, para que rebose de esperanza por el poder del Espíritu Santo! (Romanos 15:13, RVC).

* Puedes encontrar el blog de Amy en www.playingsublimely.com.

5

Un hijo necesita que su mamá

Le enseñe lo que es el gran amor de Dios

Escucha, oh Israel, el Señor es nuestro Dios, el Señor uno es. Amarás al Señor tu Dios con todo tu corazón, con toda tu alma y con toda tu fuerza. Y estas palabras que yo te mando hoy, estarán sobre tu corazón; y diligentemente las enseñarás a tus hijos, y hablarás de ellas cuando te sientes en tu casa y cuando andes por el camino, cuando te acuestes y cuando te levantes. Y las atarás como una señal a tu mano, y serán por insignias entre tus ojos. Y las escribirás en los postes de tu casa y en tus puertas.

Deuteronomio 6:4-9

William acababa de cumplir cuatro años de edad. En ese entonces era un pequeño encantador, pero también era increíblemente escurridizo. Una tarde, William y los demás muchachos habían acabado su merienda. Con mis indicaciones previas a la cena, cualquier otra comida se suspendía de manera oficial.

Se acabó —les dije—. No hay más, no señor, nada más hasta la cena. Nada.

—Pero si yo sigo teniendo hambre —declaró William.

Una dulce sonrisa materna. Doblé una rodilla. Miré a los ojos de aquella preciosura de niño.

—Me alegra mucho que tengas hambre porque estoy haciendo una cena estupenda que te va a encantar. Ten paciencia, amiguito, que no va a tardar mucho.

Volví a trabajar en la cena, distraída con la cena y con la bebé. Al cabo de un rato, William estaba tratando de atravesar la cocina de manera muy silenciosa con una mano detrás de la espalda. Me di cuenta de que había estado mirando en la despensa.

—Oye, William, ¿qué estás haciendo? —le pregunté.

—*¡Nara!*

—Cariño, ven aquí y mira a mamá.

En obediencia, arrastró a duras penas los pies hasta donde estaba yo, aunque mantuvo la mano en la espalda. Por fin se detuvo cerca de mí y miró hacia arriba con sus inmensos ojos de color castaño, con una especie de mirada en blanco. Su solemne carita reflejaba resolución y seriedad. De los labios le cayeron delicadamente unas migas de galletitas Oreo.

—¿Qué tienes ahí?

—*¡Nara!*

—¿Seguro?

—Sí, mamá.

A sus cuatro años ya había aprendido el delicado arte de guardar la compostura en los momentos de dificultad.

—William, ¿recuerdas lo que te pasa cuando dices una mentira?

—Sí, mamá. Tengo un *gan poblema*.

—¿Y qué te pasa cuando dices la verdad?

—*¡Misiricooo-diaaa!*

—William, ¿me quieres decir la verdad? Voy a esperar a que decidas.

Entonces se hizo el silencio. Un largo silencio. Así que me quedé allí de pie observando mientras su cerebrito de cuatro años procesaba las opciones. Casi se podía ver lo que rondaba por su cabeza. *Gan poblema. Misiricooo-diaaa. Gan poblema. Misiricooo-diaaa.* Déjame ver, ¿con cuál de los dos me quedo? «Gan poblema» debe haber sido un contendiente fuerte, porque la llegada a la verdad le llevó más tiempo del que yo esperaba.

Al final, una sucia manita salió poco a poco desde detrás de su espalda y reveló lo que tenía dentro. Dos galletas Oreo.

—Gracias, William. Porque me dijiste la verdad, no vas a perder ningún privilegio. En cambio, porque desobedeciste a mami, vas a tener que quedarte de pie en una esquina del cuarto durante cinco minutos. Quiero que pienses en lo que hiciste.

—¿Y eso es *misiricooo-diaaa*? —me preguntó.

—Sí, cariño. Eso es misericordia*.

A sus cuatro años, William ya sabía contrabandear y mentir al respecto. La Biblia dice que la capacidad innata para contrabandear y para mentir nace de nuestra naturaleza de pecado sin necesidad de preparación alguna. Todos venimos a la tierra con capacidad para pecar. Abandonados a su naturaleza pecaminosa, los niños pequeños, como William, pueden llegar a ser hombres adultos tratando todavía de hacer lo mismo con Dios. Escondiendo lugares oscuros detrás de su espalda, rostros solemnes con miradas en blanco, actuando como si Dios no supiera nada o no lo pudiera ver.

Cuando un hombre adulto no ha comprendido aún el gran amor de Dios, se ha perdido la bondad de su compasión, su perdón y su misericordia. El temor determina sus decisiones. La vergüenza se convierte en su carga. Las consecuencias del pecado son sus heridas.

Como mamás, no tenemos un privilegio mayor que enseñarles a nuestros hijos varones lo que es el gran amor de Dios. Su educación es la oportunidad perfecta para convertirnos en imitadoras del carácter de Dios. Hasta las madres más imperfectas les pueden indicar a sus hijos quién es nuestro Padre perfecto. Él es quien nos ama lo suficiente para detener la vida hasta que saquemos a la luz lo que tenemos oculto. El que demostró su amor por nosotros enviando a su único Hijo para podernos perdonar. El que expresa su amor en la forma de misericordia. Y gracia. Y paz. Y consuelo. Y muchas cosas más.

El libro de Deuteronomio, en el Antiguo Testamento, instruye a los padres para que usen las rutinas diarias de la vida como enseñanza para sus hijos. Cuando estés sentado en tu casa. Cuando camines y hables. Cuando te acuestes. Cuando te levantes. En el corazón de un niño pequeño, las lecciones sobre el gran amor de Dios tienen el poder de darle forma muy temprano a su carácter.

Con mis hijos, trato de errar del lado del amor. Los quiero disciplinar como una mujer que conoce el amor de Dios, en lugar de darles una disciplina que nazca de mi frustración. Les quiero responder con la paciencia que me da Dios, en lugar de gritarles enojada en medio de mis prisas: «¡Al grano!».

Desde que nacieron mis hijos, he estado tratando a propósito de enseñarles lo que es el gran amor de Dios. Sin embargo, sé que en muchos días más de los que puedo contar mis mejores esfuerzos deliberados han fallado por completo. Lo que es peor, he tenido días en los que he perdido mi enfoque, mirándome a mí misma en lugar de mirar el amor de Dios. En esos días de egoísmo les he causado sufrimiento.

He aquí la verdad evidente: Las mamás imperfectas son muchos días una representación inadecuada e incompleta del amor de Dios. Y entonces, aquí está la verdad loca y asombrosa acerca del amor de Dios por las mamás. Casi es más de lo que puedo entender: Mis defectuosos intentos por representar el amor de Dios, también quedan cubiertos por su gracia.

El gran amor de Dios me deja atónita.

Cuando la intención que tenemos en el corazón es glorificar a Dios en nuestro hogar y amar a nuestros hijos como Dios nos ama a nosotras, una y otra vez descubriremos que su gracia cubre nuestras imperfecciones.

Escóndete en Él. Y con las cosas cotidianas, de las maneras cotidianas, enséñale a tu hijo que Dios es amor.

---

* Tomado de *Tender Mercy for a Mother's Soul*, por Ángela Thomas, un libro de Enfoque a la Familia, publicado por Tyndale House Publishers, Inc. © 2001, 2006 por Ángela Thomas. Usado con permiso.

6

Un hijo necesita que su mamá

Recuerde que lo debe soltar cuando sea hombre

Pues los caminos del hombre están delante de los ojos del Señor,
y Él observa todos sus senderos.
Proverbios 5:21

Una encantadora dama me esperaba para hablar conmigo después de una conferencia en Alabama. Cuando por fin tuvimos unos momentos para estar juntas, me dijo:

—Tú mencionaste que estás escribiendo un libro para las madres acerca de los hijos varones.

Entusiasmada porque recordó algo que dije de pasada, le respondí:

—Sí, sí, así es. ¿Tienes hijos varones?

—Tengo tres hijos varones maravillosos, ya mayores, y todos están casados con unas mujeres excelentes. También tengo cuatro nietos —me respondió.

Mientras hablaba, la miraba más de cerca. Era de esa clase de mujeres que no parecía tener edad suficiente para tener hijos en la escuela secundaria, mucho menos hijos adultos. Parecia feliz e inteligente, y de inmediato comencé a disfrutar de su semblante. Nuestra conversación era interesante y fácil. En algún momento, le dije que tenía hijos e hijas, y comenté algo como esto:

—Hay días en que me parece más fácil educar a los hijos.

Los ojos se le suavizaron con esa clase de sabiduría que yo no tengo aún, y entonces, como si tuviera planificada toda nuestra conversación, me dijo:

—Los varones son fáciles de educar y difíciles de soltar.

A mí me pareció que yo no podía ni respirar. Se le llenaron de lágrimas los ojos mientras seguía hablando:

—Soltar a mis hijos ha sido lo más difícil que he hecho en toda mi vida. Hoy en día, todos son hombres buenos, casados con mujeres a las que amo y todavía sigue siendo difícil.

En ese momento yo ya estaba a punto de sollozar. *¿Soltar a mis hijos?* ¿Bromeas? Es decir, sé que están creciendo, ¿pero de qué hablas? No quiero ni pensar en eso. Es que ni siquiera puedo pensarlo.

—¿Has oído decir alguna vez que lo que se interpone entre un niño y su hombría es su mamá? —me preguntó—. Cuando la mamá quiere que él se convierta en un gran hombre, se tiene que echar a un lado y soltarlo. He descubierto que lo mejor que puedo hacer por su hombría en esta etapa es tratar de tener una profunda relación con su esposa. Mi amor no ha cambiado, pero tengo que estar dispuesta a echarme atrás.

Esa noche en Alabama, me fui al hotel convertida en un verdadero desastre, atónita y convertida en una niña llorona. Mientras escuchaba a esa valiente madre, estaba segura de que me decía la verdad. Soltar a mis hijos un día para que fueran hombres podría ser la cosa más fuerte que hiciera jamás. A decir verdad, aún ahora apenas puedo escribir a través de las lágrimas. Me he pasado toda su vida tratando de mantenerlos cerca de mí. Ella me recordó que el tiempo ahora es más corto aún. Pronto, será hora de soltarlos.

Los grandes hombres no crecen para organizar su vida alrededor de su mamá. Lo sé. No esperan a tomar una decisión hasta después de llamar a su mamá. Ni corren a casa para hablar con ella sobre todo lo sucedido en su día. Los grandes hombres no siguen viviendo con su mamá, ni se mantienen económicamente dependientes de ella. El gran hombre sigue amando a su mamá, pero ella no puede seguir siendo el centro de su mundo.

La mamá tiene el llamado a ayudar en la construcción de los fundamentos del corazón de su hijo, unos fundamentos sólidos que lo capaciten para crecer hacia su hombría. Desde el principio mismo, comprendí que mi meta al educar a un hijo era que se convirtiera en un hombre de Dios fuerte, independiente y bien capacitado. Cuando nació cada uno de ellos, le di gracias a Dios por el privilegio que es educar a un hijo. Aunque no podría amar más a mis hijas de lo que las amo, vivimos en un mundo que tiene una urgente necesidad de que existan grandes hombres. Por lo tanto, si en algún sentido, de alguna forma, mis hijos varones se conviertan en grandes hombres dentro de este mundo, habré hecho mi labor como su mamá.

Desde que nace nuestro hijo, debemos tener presente esta meta. La meta es educar a un hombre piadoso y maduro que sea responsable y esté listo para asumir su hombría. La enormidad de esta meta nos parece imposible de alcanzar cuando conocemos también nuestra incapacidad. Por eso caemos de rodillas todas las noches y le suplicamos al Señor que nos cambie, nos guíe, nos use y después, incluso a pesar de nosotras mismas, moldee a esos bebés para que se conviertan en grandes hombres.

Cuando tú y yo mantenemos siempre presente su hombría, se nos hace claro el camino hacia la grandeza de carácter. Desde el tiempo en que un niño es pequeño, enséñale a tu hijo...

- El valor de la Biblia como la Palabra de Dios. Un gran hombre edifica su vida sobre la roca de Jesucristo.
- El gozo de lo que ya tiene. Los grandes hombres saben que tener la próxima cosa nunca trae verdadero gozo.
- La vida es más que gastar. No le compres algo cada vez que vayas a una tienda. Los grandes hombres aprenden a establecer prioridades en cuanto a sus deseos y a gastar con sabiduría.
- La importancia de ser responsable. No lo salves al salir corriendo a buscarle los trabajos de la escuela que olvidó ni los zapatos de fútbol que extravió. Sacar un cero en una clase o hacer flexiones en las prácticas por causa de un olvido no tiene nada de malo. Los grandes hombres son responsables y recuerdan las cosas.
- Es más honroso ir de último. Los grandes hombres guían con un corazón de siervo. Jesús dijo que los primeros serán los últimos, y los últimos serán los primeros.
- Una norma de mano dura por falta de respeto. No te puede faltar al respeto a ti, ni a su hermana, ni a alguien extraño que esté en autoridad. Los grandes hombres les dan el mismo honor a todos los seres humanos. Las mujeres son iguales. Las personas de una étnica distinta son iguales. Las personas de opiniones y creencias distintas son iguales a pesar de todo. Los grandes hombres tienen fuertes opiniones y discrepan sin una conducta irrespetuosa.
- A nunca pasar por alto la necesidad de otro si le puede ayudar. Los grandes hombres levantan a los demás cada vez que pueden.

Comprenden que este mundo no es una competencia importante y que todos estamos juntos en esto. Conocen el poder de Proverbios 3:27: «No niegues el bien a quien se le debe, cuando esté en tu mano el hacerlo».

- Apartar los ojos de lo que es inapropiado. Los grandes hombres honran la belleza de las mujeres y no la deshonran con la pornografía. Los grandes hombres sienten reverencia por la vida y no la deshonran al ver cosas horribles y repugnantes.
- El mundo no gira a su alrededor. No le estés preguntando a cada momento dónde querría ir, ni qué le gustaría hacer, ni qué quiere comer. Los grandes hombres hacen planes por la felicidad de otros.
- Las decisiones sanas son mejores y las insanas son engañosas. Enséñale que el placer momentáneo que da el azúcar (o lo que sea) esconde los grandes daños que hace en el cuerpo. Los grandes hombres comprenden que los placeres momentáneos de las drogas, el tabaco, el alcohol o la glotonería son engañosos y carecen de valor.
- La integridad es lo que él hace cuando nadie lo está viendo. Los grandes hombres son dignos de confianza porque su vida secreta es pura y honorable.

Dondequiera que estés en la línea del tiempo de su madurez, no vas a apartar los ojos de la meta para tu hijo. El día de soltarlo se acerca a toda prisa. Cuando me llegue ese día, de seguro estaré firme con lágrimas en los ojos, un corazón lleno de amor y unos recuerdos para toda la vida. Será un honor para mí decir...

> Hermoso hijo mío, te he amado desde el primer día. Todos los días he alabado a Dios por el maravilloso honor de ser tu mamá. Ha sido un gozo y un deleite educarte para el amor. Ninguna sonrisa podrá ser nunca más dulce para mí que la tuya. Ninguna risa moverá mi corazón más que la tuya.
>
> Sin embargo, por fin llegó este día y son pertinentes algunas declaraciones.

- Como desde el día en que naciste, seguirás recibiendo a partir de hoy toda mi devoción y mi amor. Jamás se aplicarán condiciones, exclusiones ni limitaciones.
- Pase lo que pase, mi apoyo y mi aliento hacia ti se mantendrán inalterables.
- En este momento, retengo y afirmo mis privilegios de por vida como fundadora y presidenta de tu club de fanáticos, lo cual significa, en esencia, que siempre tendré derecho a aclamarte gritando más alto que todos y aplaudirte por más tiempo para celebrar cualquier cosa que hagas.
- Mis consejos y sugerencias siguen estando gratuitamente a tu entera disposición durante el resto de tu vida. Aun así, a partir de este día, esos consejos y esas sugerencias te los daré solo por invitación cuando me los pidas.
- Dondequiera que esté, tú y tu familia serán bienvenidos y amados.
- Siempre te cubriré con mis oraciones.

Te has preparado. Y ahora estás listo. Este mundo necesita a un gran hombre como tú. Con mi bendición y con gran gozo, te suelto hacia tu hombría. Entra a este mundo y vive todos y cada uno de los días que Dios te dé con humildad y para alabanza de su gloria y gracia.

7

Un hijo necesita que su mamá

Pruebe a hacerlo algunas veces

Sus hijos se levantan y la bendicen.

Proverbios 31:28, NTV

Mi cuñada es de esas madres deportistas a las que les gustan las actividades al aire libre y las aventuras. Puede correr más que mi sobrino de once años todo un día, todos los días. Lo lleva a montar bicicleta, a remar en kayak y a deslizarse colgado de un cable. Y me encanta que lo haga.

Mi amiga que vive en esta misma calle es una mamá conocedora de modas, estupenda y artística. Siempre luce elegante, incluso cuando una «llega sin avisar». Su hogar está bellamente decorado con sus renovaciones y sus inventos artísticos. Lo pinta todo, y después cambia de idea y lo vuelve a pintar. Sus fotografías y sus obras de arte no se encuentran en exhibición en los museos, pero de seguro hacen muy especiales las paredes de su casa.

Y también está la mamá del fútbol que acabo de conocer y que me maravilla con su cocina. Todo lo que hace es exquisito. Sin embargo, he aquí la sorpresa: cuando presenta la comida que trae para los muchachos, lo hace con afecto. No es pretenciosa ni muy sofisticada, solo considerada. Grandes cuadrados de unos postres deliciosos, todos cortados a la perfección, envueltos en papel encerado y presentados con sencillez en una bandeja, listos para que los muchachos los tomen y los disfruten.

Cada una de esas mamás me inspira a su manera. Quisiera ser como cada una de ellas, pero la verdad es que no puedo. Cada una de esas amigas mías nació con un conjunto de habilidades que nunca tendré yo. En cambio, lo que sí puedo hacer por mis chicos es intentarlo alguna vez.

Cuando Grayson estaba en séptimo grado, volvió a casa de una noche en que durmieron juntos unos amigos y me habló de la casa en que se quedaron. En esa época, aún no tenía las palabras necesarias para describir lo que vio, pero lo que me contó fue algo así: «Mamá, en su casa hay cosas que cuelgan de las paredes, al igual que en cada cuarto tienen fotografías y cosas por todas partes, y todas esas cosas hacen juego de alguna manera. Y mamá, ¿podríamos nosotros hacer que nuestra casa fuera así? Tener cosas en las paredes, ya sabes, lo que digo es tener más cosas de las que tenemos ahora».

¿Sonríes? Más tarde descubrí que la mamá de la casa donde se quedó Grayson trabajaba por horas como decoradora de interiores. Nosotras habíamos hablado unas cuantas veces en los juegos de fútbol, pero yo no había ido a su casa. Todo lo que sé es que, cuando un varoncito de trece años usa una gran cantidad de palabras para hablar acerca del decorado que hay en la casa de un amigo, su mamá necesita prestarle atención. La forma en que se sintió Grayson cuando entró en esa casa era más importante para él que los aspectos particulares de qué o por qué. Cuando le pedí más detalles, no tenía ni idea acerca de los colores ni del estilo porque ninguna de esas cosas le importaba. Sintió que esa casa era acogedora y cómoda. Y la suya, en cambio, su mamá tenía PDI. ¿Conoces ese síndrome? Se llama *Parálisis de Decoración Interior*. Es el temor a hacerle algo a tu casa porque te podrías equivocar.

Grayson me soltó algunas cosas en ese fin de semana. Y no se trataba solo de colgar cuadros en nuestras paredes. Mientras más procesaba la manera en que se sentía, más me daba cuenta de cuántas oportunidades tenemos para crear esos sentimientos. Entre los sentimientos que quiero crear de manera deliberada para mis hijos varones están los de paz, seguridad, comodidad, dignidad, placer, gozo y gratitud. Lo que eso significa para mí en lo personal no es que trate de hacer todo lo que aparece. Es que debo estar dispuesta a intentarlo de vez en cuando. Y aprender cosas nuevas, incluso las cosas que estén fuera de mis dones y habilidades naturales. He aquí algunas de las cosas con las que estoy tratando de crear los sentimientos del *hogar* para mis hijos varones.

Cuidar de mi apariencia. Es posible que tu hijo actúe como si no le importara para nada el aspecto que tienes ni lo que llevas puesto. Si le preguntaras, quizá hasta dijera: «Sí, en realidad no me importa nada de eso». Aun así, te quiero decir que miente. No lo hace de manera deliberada. Solo que no sabe de qué está hablando. Para él va a significar algo que trates de mejorar tu aspecto externo, te lo aseguro. No me refiero a que te conviertas en algo que no eres, y el Señor sabe que todo esto se va al otro extremo cuando una mamá trata de tener el aspecto de una adolescente. Ese no es el plan.

Entonces, ¿no te podrías ver un poco mejor de vez en cuando? Aunque no sea para nadie más en la tierra, que sea para él. Come de una manera un poco más saludable. Ponte algo elegante cuando te des cuenta de que le agrada. Pídele sugerencias a una amiga que esté a la moda acerca de un nuevo peinado. Cubre las canas, aféitate o depílate las piernas, usa loción y, ya sabes, inténtalo un poco más.

William estaba en la escuela primaria. Había un programa en el auditorio y yo llegué cuando ya habían apagado las luces, así que fui avanzando en silencio por el pasillo en medio de la oscuridad. Más tarde, William me dijo: «Alguien caminó por el pasillo y yo no podía ver quién era, pero sabía que eras tú porque te olí. Le dije a mi amigo: "Sí, esa es mi mamá. Ese es el olor de ella"». Como recuerdo de ese momento, hasta el día de hoy uso ese mismo perfume (*Lemon Sugar Fresh*).

Aprender a reír de nuevo. Cuando la vida ha sido decepcionante o difícil, nuestra risa se nos puede apagar antes que nos demos cuenta de que desapareció. Yo tuve que hacer un esfuerzo deliberado para aprender a reír otra vez. Un día, vi iluminarse el rostro de mi hijo cuando me reí a carcajadas y capté un destello de lo que acababa de suceder en su alma. Por eso le quise comunicar más de lo que sentía cada vez que se reía su mamá.

Lanzar la pelota de béisbol. Muchas mamás son chicas deportivas y les encanta jugar de forma improvisada con sus chicos. Los pueden apoyar en sus juegos y me encanta eso. Yo era del grupo de animadoras en el instituto y me encanta bailar. No parece haber ahí una conexión natural con los deportes de varones. Así que me compré una pelota de béisbol y la comencé a lanzar con mis muchachos cuando eran pequeños. «¿Mamá, quieres lanzar?» era una de las cosas más dulces que había oído jamás. Por supuesto, el día llegó cuando una pelota fue a parar en mi guante como si lo disparara un rifle y nuestros días de lanzamiento se acabaron allí mismo. A pesar de eso, todavía conservo mi guante. Tal vez algún día haya algún nietecito que quiera lanzar la pelota también.

Te podría seguir hablando de muchas formas más de intentar hacer algo, pero creo que es muy probable que hayas captado la idea. Cuando el Espíritu Santo te impulse a unas formas de crear «sentimientos» para tu hijo, ¿vas a abrir el corazón a ideas nuevas y solo intentarlas de vez en cuando?

[illegible] cierta [illegible] una mala [illegible] de una [illegible]

[illegible] para [illegible] a veces cuando aunque [illegible] de una manera [illegible] cuando [illegible] de [illegible] de las [illegible]

Y ahora [illegible] no [illegible] habían [illegible] a un [illegible]. Más tarde [illegible] en [illegible] *Lemon Sugar Fizz*).

Aprender a salir de nuevo [illegible] que [illegible] para aprender [illegible] cuando me [illegible]

Lanzar la pelota de [illegible]. Muchos [illegible] son [illegible] los [illegible] en [illegible]. Así que [illegible] con mis [illegible]

[illegible] de [illegible] mi [illegible]

8

Un hijo necesita que su mamá

Pare el auto junto al camino

Tengan cuidado. No vayan a perderse la gracia de Dios; no dejen brotar ninguna raíz de amargura, pues podría estorbarles y hacer que muchos se contaminen con ella.

Hebreos 12:15, RVC

Una mañana, cinco minutos antes que fuera hora de salir para la escuela, tres de mis hijos vieron el menú del almuerzo que tenía pegado a la puerta del refrigerador y decidieron que no querían medallones de pollo empanizados para almorzar. En realidad, no los podía culpar. ¿Quién habría de querer un medallón de pollo empanizado y metido en un panecillo? Sin embargo, había poco tiempo y solo les podía ofrecer sándwiches de mantequilla de maní con jalea como rápido sustituto. Todos decidieron que cualquier cosa era mejor que un medallón de pollo empanizado, y comenzamos a trabajar juntos con diligencia para hacer tres almuerzos.

Yo tomé unas galletas de queso que tenían la forma de Bob Esponja y llené tres bolsas para almuerzos, envolví unas galletas de azúcar que no le gustaban a ninguno de ellos, les añadí la fruta obligatoria, que estaba segura que ninguno se iba a comer, y les di unas monedas para que compraran leche. Lo logramos. Tres almuerzos empacados y todavía subimos al auto a tiempo.

Grayson, que estaba en quinto grado y detestaba de verdad los medallones de pollo, estaba sentado junto a mí en el asiento delantero. Más o menos en el momento en que salíamos de nuestro vecindario, le eché una mirada. No solo tenía en el rostro esa mirada de «estoy de mal humor por las mañanas» que suelen tener los preadolescentes. Estaba enojado y a punto de llorar.

—¿Qué está pasando? —le dije con delicadeza.

—Mamá, este va a ser el peor de todos los días de mi vida.

—¿Qué me quieres decir? ¿Pasó algo que yo no sé?

—Tú me diste las galletas de queso equivocadas.

—¿Qué? Había dos cajas, pero las galletas de las dos tienen la forma de Bob Esponja. Yo usé la que ya estaba abierta.

—Tú me diste los *Cheese Nips* y los *Cheez-Its* saben mejor. Ahora todo va a ser un desastre.

Por fortuna, logré contener esa especie de erupción volcánica que me había comenzado por dentro. Íbamos camino de la escuela y yo solo he hecho esto unas cuantas veces, pero esa mañana, tan pronto como vi una oportunidad, saqué el auto a un claro que había junto al camino para darle un énfasis especial a lo que iba a hacer. Todos se sentaron muy derechos mirándome, mientras yo sacaba el auto del camino para aquel inesperado llamamiento de *Ven a Jesús*.

—Grayson, me tienes que mirar. ¿*Cheese Nips*? ¿Vas a tener un día terrible a causa de unos *Cheese Nips*? Bueno, déjame que te diga algo. Si tenemos un accidente de camino a la escuela, ese sí es un día terrible. Si alguien a quien amas se enferma y se tiene que ir al hospital, ese sí es un día terrible. Si un tornado se lleva nuestra casa mientras vamos para la escuela, ese sí es un día terrible. Hasta los sándwiches de medallones de pollo podrán saber horrible, pero no pueden hacer que tengas un día terrible. Los *Cheese Nips* son solo galletas. Y una galleta no puede hacer que tú tengas un día terrible. Solo vas a tener un día terrible porque en tu mente y en tu corazón estás decidiendo que vas a tener un día terrible.

Miré con rapidez por el espejo retrovisor al resto de los niños. Los miré para ver si alguien más necesitaba participar en esa lección junto al camino. Los tres que tenía detrás me miraban con sus ojos más espirituales, como diciendo: *Ah, mamá, ¡qué agradecidos te estamos por todas las galletas de queso que nos has dado en la vida!*

Todos nos quedamos allí sentados, silenciosos por un instante, dejando que nos penetraran esas cosas. *Las galletas de queso no pueden hacer que un día sea terrible.*

Entonces, me di cuenta de que no había terminado todavía. Ya sabes lo que dije después. En un momento de pura genialidad de mamá, dije:

—Grayson *(pausa dramática),* hay niños al otro lado de este mundo que no tienen una sola galleta de queso, ni una mamá que se las ponga en una bolsa. No puedo creer que haya alguien en esta familia, que tanto ha recibido, pueda tener un corazón tan ingrato.

Nota de las mamás para nosotras mismas: Las antiguas cosas de mamá que nunca íbamos a decir, algunas veces se nos escapan. Hay ocasiones en que las palabras antiguas tienen poder todavía y son las únicas que podemos encontrar en el momento. ¡Así que adelante con ellas!

Mientras llegábamos al lugar donde se tenían que desmontar, todos mis hijos salieron del auto como Chip y Dale. *No, después de ti. No, perdona. No, tú primero.* Todos me saludaron, me sonrieron y me dijeron lo mucho que me amaban.

Sin embargo, yo no había terminado aún.

—Grayson, cariño, vuelve un segundo.

El pobre chiquillo regresó hasta el auto arrastrando los pies.

—Grayson, así es que quiero que entres hoy a la escuela. Quiero que te vayas a tu aula sintiéndote agradecido. Hoy no es un día terrible. Quiero que bendigas a tu maestra. Quiero que te acerques a los demás niños. Quiero que preguntes qué puedes hacer hoy para servir a los demás. Y cuando llegues hoy a la cafetería, quiero que entres al salón y mires a todos los niños. Mientras lo hagas, quiero que le preguntes al Señor: *¿Quién se sentiría agradecido por recibir hoy una bolsa de galletas de queso?* Luego, quiero que le des tus galletas de queso a alguien que tenga un corazón agradecido.

Grayson tenía once años. Yo lo amaba entonces y lo amo ahora con todo mi corazón. Los once años son tiempos difíciles. Es una época de transición física y emocional, y nosotros éramos como la mayoría de las familias que solo tratábamos de abrirnos paso por la vida. Esa mañana, en cambio, fue como si el Espíritu Santo me dijera: *No dejes que pase esta oportunidad. Hoy no te limites a tratar de abrirte paso.*

Esa mañana, saqué el auto del camino porque tenía que subrayar como se debe mi lección. No podía permitir que una frustración absurda se asentara en el alma de Grayson. Su pequeño ego quería encontrar consuelo en el enojo, pero yo no podía permitir que eso sucediera. Las galletas de queso no le pueden secuestrar a nadie el día, porque las galletas de queso no tienen poder. Les debemos enseñar a nuestros hijos que su mente tiene poder para rechazar ni para escoger.

Hay un villano que acecha a cada paso a nuestros hijos. Los tienta con la promesa de un falso consuelo. Les suplica a nuestros hijos que se le unan, y también a todas las demás víctimas de este cruel mundo. Su ideología es absurda, pero son muchos los que caen presa de él. Su tentación es algo así: Cuando estés desilusionado, escoge la amargura como una forma alternativa de satisfacción.

La vida nunca va a ser justa con tu hijo ni con los míos. Unas cosas mayores que esas galletas de queso van a llevar una gran cantidad de desilusiones a sus vidas. Nosotras debemos hacer todo cuanto esté a nuestro alcance para enseñarles a rechazar la tentación de la amargura. Aun si eso significa detener el auto. Y decir algunas de esas cosas de las mamás que prometimos que no diríamos nunca*.

---

* Usado con permiso. Ángela Thomas, *When Wallflowers Dance: Becoming a Woman of Righteous Confidence*, Thomas Nelson, Nashville, Tennessee, 2007. Todos los derechos reservados.

9

Un hijo necesita que su mamá

Le enseñe lo que son las camisas de cuello, el cabello peinado y las tareas de la casa

No tengan deudas con nadie, aparte de la deuda de amarse unos a otros; porque el que ama al prójimo, ha cumplido la ley.

Romanos 13:8, RVC

Todo esto me solía volver loca, pero estoy muchísimo mejor ahora. Tengo las fotos más encantadoras de mis niños cuando eran pequeños, todos vestidos con ropa que les escogí. Todos unidos de pie y sonriendo, tienen el cabello limpio y bien cortado, y una camisa sin arrugas metida en la cintura del pantalón, sin ninguna costura deshilachada a la vista. Están coordinados y simpáticos, pero no tan, tan coordinados. Esa es la forma en que siempre soñé que estarían.

Entonces, descubrí dos cosas.

Una: Dios no me dio la clase de hijos que se coordinan bien con los colores y nunca tienen arruga alguna en la ropa. No son niños comunes y corrientes que no les interesan lo que llevan puesto. Dios me dio gente innovadora a la que le gusta lo que le gusta. Y sin advertencia alguna, tienen la capacidad de reinventarse a sí mismos al instante sin que les vuelva a gustar la última cosa que les había gustado. Son creativos, independientes, ingeniosos y filosóficos en su manera de vestir.

Y dos: Una mamá soltera con una vida quebrantada y cuatro niños pequeños, a la larga tendrá que dejar algunas cosas. Y digo de veras eso de *dejarlas*. Hasta ponerlas en el suelo. Es como si algunas cosas ya no le pueden importar en realidad. Así que, por favor, por lo más sagrado, deja de armar tanto lío por las cosas pequeñas porque o bien te vas a morir o vas a matar a otra gente si no lo sueltas. Todo. Abajo.

Algo importante que observar aquí: No tienes que esperar a que una vida quebrantada te obligue a dejar las cosas pequeñas con tus hijos. Te aseguro que algo de lo que estoy a punto de decirte te puede liberar ahora mismo. No se necesita ningún drama en la vida. Lo cierto es que estas lecciones las aprendí de una manera tan dura que sería una verdadera vergüenza que no las contara cada vez que puedo. Cuando era una mamá joven, hacía por error un gran alarde con las cosas pequeñas. En el esfuerzo por hacerlo todo bien, les daba demasiado valor a las apariencias, las listas, las tareas de la casa y las reglas.

Estaba equivocada.

Hacía sufrir a mis hijos y sufría también en mi propio corazón. Cuando por fin pude ver lo que había estado haciendo, la decisión de cambiar fue todo lo rápida que la pude hacer. Esa mamá desorientada y tensa no era la mamá que yo quería ser y no quería volver a vivir nunca de esa manera. Aquí tienes algunas de mis directrices personales para las cosas prácticas:

- Prefiero dejar las cosas pequeñas de nuestras vidas en este mismo segundo, a vivir en una tensión y una frustración constantes un día más.
- En realidad, es cierto que no tiene nada de malo que mis hijos no se hicieran de la misma manera que los hijos de las demás personas.
- También es cierto que si un sistema funciona para otra familia, no tiene por qué funcionar para la mía.
- Los corazones de las personas son más importantes. Darles la prioridad a sus corazones significa examinar siempre mis expectativas y ponerlas de nuevo en orden cuando me salga de mis límites.

Teniendo en mente el corazón, he tratado de darle seguridad a cada uno de mis hijos varones, diciéndole: *En verdad, te llega a gustar lo que te guste*. Cada vez que sea adecuado, trato de darles la libertad de vestirse de la manera que les guste, aunque con algunos límites. He aquí algunos de mis límites respecto a ropa y aseo:

- Exijo limpieza. Ropa limpia. Cuerpo limpio. Cabello limpio.

- No les permito que usen ropa inmoral, provocativa o inadecuada. Gracias a Dios, esto no ha constituido una batalla para nosotros. Como es obvio, más que de la pieza real de ropa, esa clase de decisión viene del corazón. Cuando tengas que gritar acerca de alguna camisa, tal vez sea bueno que te preguntes: *¿Le está sucediendo algo en el corazón?*
- Les exijo a mis hijos que cumplan con el código de la escuela sobre la ropa. Si la escuela permite que mi hijo interprete de manera creativa su código sobre la ropa, estoy de acuerdo en que lo haga. Si se les exige llevar una camisa de cuello y mi hijo escoge la camisa de cuello de estilo hawaiano que nos encontramos en la tienda de baratillo y la escuela se la acepta, está bien.
- Hay ocasiones, como las bodas y los funerales, donde la ropa que uno lleva puesta se convierte en parte de su declaración de respeto. Les he tratado de enseñar a mis hijos varones que esa clase de reuniones no se centran en nosotros y que es inadecuado interpretar de manera creativa el atuendo que uno lleve. Para esas situaciones, le exijo a un hijo mío que se vista con respeto a la persona y a la ocasión.

Como son pocas las normas para la vida diaria, eso significa que mis hijos ya no coordinan su ropa según los colores. Les compro pantalones de mezclilla en las tiendas por departamentos, pero ellos prefieren lo que encuentran en las tiendas de baratillo. Son más informales que convencionales, pero estoy dispuesta a aceptar con una sonrisa esas cosas informales durante todo el día.

He aquí lo que decidí al final con respecto a las tareas de la casa:

- Varias de mis amigas usan carteles con las tareas de la casa que deben realizar sus hijos, y sus carteles funcionan de manera maravillosa. Durante varios años después de mi divorcio, mis hijos estuvieron yendo y viniendo entre mi casa y la de su padre, alternando los fines de semana y las ocasiones especiales. Los carteles con las tareas de la casa se convirtieron en una pesadilla para mí. El sistema se venía al suelo, y para hacer que eso funcionara, tenía que convertirme en la Inspectora General de Todo.

- Lo que nos dio mejores resultados fue la formación de la idea de «equipo». Somos una familia y la familia trabaja unida para cuidar de lo que se le encomienda. Algunos días, eso significa que tu hermano no tiene que hacer nada porque el examen que tendrá mañana es inmenso, y otros días estamos todos juntos en el patio arrancando malas hierbas y nadie está excluido.
- Mis hijos no tienen un cartel con las tareas de cada cual, así que les tuve que enseñar a presentarse cuando dijera sus nombres. Entonces, ¡tenía que acordarme de no decir siempre el mismo nombre! Por eso trato de enmarcar mis instrucciones de esta manera: «Grayson, cuando llegues a un lugar donde te tengas que detener, ¿podrías...? William, cuando termines de leer ese capítulo, ¿querrías...? Hay momentos en que es obvio que necesito ayuda de inmediato, pero la mayor parte del tiempo se lo puedo pedir de una manera que les demuestre consideración. Lo que me encanta ahora es cuando uno de ellos se me acerca y me pregunta: «Mamá, cuando tengas un minuto, ¿podrías venir a ayudarme con...?».
- He tratado de prepararlos a todos para que sepan hacer de todo. Y se entiende que nunca nadie llega a ser demasiado grande ni demasiado importante para hacer nada. Todos podemos sacar la vajilla de la lavadora de platos, alimentar a los perros, hacer algo de comer, doblar toallas o rastrillar las hojas. En una familia, uno nunca deja de hacer las tareas de la casa porque ya tiene demasiada edad.
- Cuando «el equipo» no había trabajado lo suficiente, solíamos tener una reunión familiar para recordarles por qué todos tenemos que trabajar unidos. Nadie lo puede hacer todo solo. Y mamá en especial. Mi consejo es que tengas esa reunión antes de que te vengas abajo y antes de que estés llorando tan fuerte que no puedas hablar. No me preguntes cómo sé esas cosas.

Hace algunos años, viajé por el África durante diez días. Mis padres llegaron para ayudar a Scott a cuidar de todo. El día que regresé del África, Scott me recogió en el aeropuerto y llevó mi cansado cuerpo hasta la casa. Mi mamá estaba esperando. Su corazón era bueno y estoy segura de que pensó muy bien lo que me quería decirme. Entré en la casa, saludé, le di un abrazo y ella empezó a hablar: «Ángela, vas a tener que hacer algo respecto a William. Su cuarto es un desastre total». Y me fue presentando los detalles de su desorden. En mi agotamiento, me limité a escucharla hasta que acabó de hablar.

Tengo la seguridad de que el Señor me ayudó en ese momento porque le contesté: «Mamá, capto por completo tu frustración. A mí también me ha preocupado ese desorden. Aun así, he pensado en algo. William es de veras un chico que estudia mucho. Juega fútbol, va a la iglesia y ama a Dios. Es bueno conmigo, honrado y muy divertido. Es un muchacho que siempre anda ocupado. Me solía preocupar por el desorden en su cuarto hasta que recordé algo. Conocí en el instituto a una chica que se parecía mucho a William. Su cuarto fue un desastre durante cinco años por lo menos. ¿Sabes qué hizo su mamá? Hizo algo muy amable. Su mamá cerró la puerta. Esa muchacha resultó ser buena, ¿no te parece?».

Las tareas de la casa son importantes, pero te quiero hacer una advertencia: Cuida del corazón de tu hijo mientras pones en práctica tu plan. Y después de algunos días, dale el regalo que me dio mi mamá y solo cierra la puerta.

10

Un hijo necesita que su mamá

Quiera a los amigos de él y los haga sentirse bien en su casa

El que poco siembra, poco cosecha; y el que mucho siembra, mucho cosecha. Cada uno debe dar según se lo haya propuesto en su corazón, y no debe dar con tristeza, ni por necesidad, porque Dios ama a quien da con alegría. Y Dios es poderoso como para que abunde en ustedes toda gracia, para que siempre y en toda circunstancia tengan todo lo necesario, y abunde en ustedes toda buena obra.

2 Corintios 9:6-8, RVC

Es domingo por la mañana y acabo de enviar a mi esposo en una misión: «Vete a revisar los alrededores para ver cuántos niños varones encuentras». Los amigos de mis hijos traen a otros, así que en realidad nunca estoy segura sobre si se presentaron unos cuantos más después que me fui a dormir o si alguno se tuvo que ir a su casa. Podrían estar en cualquier lugar, y lo que otros varones adolescentes usan como pijama es una información que en realidad no necesito. Scott cuenta las camas, los colchones de aire, las plataformas en el suelo y los sofás, y después le informa un número para la que fabrica tortitas.

Hace años, hubo dentro de mí algo que se rompió, se detuvo o se liberó. No estoy del todo segura sobre cómo llamarlo, porque aún soy bastante rara en cuanto a un montón de cosas. Ser raros es algo que se supone que sea bastante común entre los primogénitos, pero una compra al azar de materiales de oficina llevó mi rareza hasta unas nuevas alturas de ridiculez. Ese fue el día en que la máquina de fabricar etiquetas se convirtió en amiga mía. Ahora, la gaveta de las especias contiene frascos idénticos de vidrio, etiquetados y distribuidos por orden alfabético. En los estantes de la despensa hay unas etiquetas que se esfuerzan por mantenerse pegadas, por si acaso algún miembro de la familia pierde la mente por completo y baja los víveres cuando no estoy mirando. Los armarios de la cocina tienen sus etiquetas, según tengan jarras, velas o cosas así. El armario de la ropa de cama tiene su etiqueta. Y la oficina, bueno... Ya te puedes imaginar.

Quiero que las cosas con las que estoy involucrada se hagan con lógica y con unas normas elevadas. Quisiera que pudiéramos hacer una pausa aquí por un momento para insertar un vídeo, porque esto es lo que vas a ver: Las personas que trabajan en mi pequeña oficina estarían de pie detrás de mí. Y mientras lees esa última frase, comenzarán a hacer muecas para captar tu atención, tratando discretamente de asentir con la cabeza y entornando los ojos para decirte: *Tú. No. Tienes. Idea.* Me dan ganas de reír el pensar que están allí detrás de mí. Eso no hace que sienta deseos de aflojar las normas, pero es una buena risa. Todos estarían de acuerdo en que el orden, los detalles y el trabajo hermoso me hacen locamente feliz.

Sigo hablando y hablando del hecho de que soy rara en cuanto al orden, porque te estoy tratando de presentar una idea grande de verdad. Esta es la letra pequeña que no quiero que te pierdas. Amorosa con los amigos de mis hijos y toda su desordenada gloria, no es justo la mamá que solía ser. En absoluto. En realidad.

Cómo algo del tamaño de un gran camión de hormigón liberó por fin mi alma es casi inexplicable.

De no ser por la gracia de Dios.

Desde esa gracia, un nuevo corazón de amor comenzó a crecer dentro de mí. Una gran parte de mi viejo yo quedó quebrantada con el divorcio, pero mi corazón permaneció atado con fuerza a mi sentido del orden y a las reglas. Entonces, nuestro Padre del cielo acudió a rescatarme. Su amor me quitó las cadenas. Su presencia me levantó y me llevó. Hacía mucho tiempo que conocía a Dios. Le había pedido a su Hijo que fuera mi Salvador. Sin embargo, nunca había comprendido la profundidad de su amor por mí. Tal vez nunca llegue a comprender toda la teología de este asunto. Todo lo que sé con seguridad es que el amor de Dios nos puede liberar.

La libertad de Dios vino a mí con estas instrucciones: *Da de lo que se te dio. Ama como te aman.*

Dondequiera que voy, la mayoría de la gente se parece a mí. Desorganizada. Me parece que sabes a qué clase de gente desorganizada me refiero. Personas regadas y desenfocadas, perdidas y solitarias, inseguras y demasiadas veces inadecuadamente clasificadas por este mundo. La gente desorganizada se parece mucho a los varones adolescentes. En cambio, estoy segura de que también esa gente desorganizada se parece mucho a esta madre de cuatro hijos, divorciada y quebrantada, que nunca había comprendido que la gracia de Dios era para ella.

La gracia de Dios es para ti también.

Amar a los hijos de tus amigos y tratarlos como familia es dar de forma gratuita lo que te ha dado Dios.

Hace años, les dije a mis hijos varones que sus amigos serían siempre bienvenidos en nuestro hogar. Entonces, añadí lo siguiente: «No tienen que volvérmelo a preguntar otra vez. Siempre podrán venir. Es estupendo que ustedes me puedan avisar cuando haya una comida, pero aunque se olviden de hacerlo, yo cortaré al medio nuestros pedazos de pollo, le añadiré una papa más al cocido y haremos que todo funcione». Ahora mismo, estoy aquí sentada tratando de encontrar las palabras adecuadas para describir el gozo que les da a mis hijos vivir en el hogar que tiene la gran alfombra de bienvenida junto a la puerta y esa puerta abierta de par en par. No tengo palabras porque ellos no hablan de esto así. Dicen cosas tan profundas como: «Gracias, mamá». En cambio, sé que algo especial está sucediendo. Dios los está preparando para cosas incluso mayores.

El verano pasado, William ayudó a Dios a poner a prueba mi dedicación. Varios de sus amigos formaron un equipo de fútbol para lugares cubiertos y entraron en un torneo nacional que se llevaba a cabo en nuestra ciudad. Era uno de esos torneos en los que si pierdes dos veces, te eliminan. La clase de torneos en los que los demás equipos tenían patrocinadores nacionales. Nosotros nos imaginamos que los muchachos iban a jugar dos juegos y ese sería el final. Los padres ni siquiera asistieron a los primeros juegos del torneo. En el primer juego, ganaron. En el segundo, volvieron a ganar. En el tercero, ganaron de nuevo. Yo iba en el auto hacia un centro de jardinería cuando William me llamó.

—¡Oye, mamá, ganamos!

—¡Cuánto me alegro, cariño!

Entonces, de esa manera apresurada y distraída que tienen los varones, me preguntó:

—Mamá, como ganamos, tenemos que jugar esta noche otra vez. ¿Podrían venir a casa algunos de los muchachos hasta el próximo juego?

—¡Claro, bebé! —le dije—. No hay problema.

—Espera un segundo —me dijo. Oí que cuchicheaban y gritaban entre ellos—. Huy, mamá, ¿pueden venir más muchachos? Bueno, ¿puede venir todo el equipo?

—Sí, puede venir todo el equipo —le dije mientras salía de la carretera interestatal y le daba vuelta al auto para regresar a casa—. ¿Tienen hambre?

—Ay, mamá, nos estamos muriendo de hambre —me dijo, como si eso fuera alguna noticia.

Terminé la llamada de William y llamé a Grayson que estaba en casa. Le dije que había veinte muchachos que en esos momentos se dirigían a nuestra casa. Entonces, le disparé como un rayo todas las instrucciones: *Prende el horno. Limpia de cosas las encimeras de la cocina. Recoge el cuarto de la televisión. Amarra a los perros. Abre la puerta del frente porque van a estar allí en cuestión de diez minutos.* Le dije que yo estaba en la tienda de víveres comprando y que necesitaba que me ayudara a hacer sándwiches en cuanto entrara por la puerta.

Ese martes alimentamos al equipo con una gran cantidad de sándwiches al horno, pero esta es la parte que te va a encantar. El equipo siguió ganando hasta la noche del viernes, así que casi todos se quedaron en nuestra casa. Toda la semana. Sin haber hecho planes de ninguna clase. Ni un solo muchacho trajo consigo ropa para cambiarse, y gracias a Dios yo tenía guardados un montón de cepillos de dientes de la tienda de todo a un dólar. Para cada juego, encontraban suficientes camisetas del mismo color para usarlas, iban y volvían a ganar. El viernes por la mañana, le pregunté a uno de los muchachos si se quería cambiar y ponerse ropa limpia de William mientras yo le lavaba la ropa sucia. No miento cuando te digo lo que me respondió: «No, gracias. Además, William también ha tenido puesta la misma ropa durante toda la semana».

Tú no tienes que amar a los amigos de tu hijo lo suficiente como para dejar que vivan en tu casa durante una semana, usando la misma ropa maloliente con que juegan al fútbol. Tampoco tienes que hacer nada de la misma forma en que lo he hecho yo. Sin embargo, todo lo que hagas será mucho más dulce si amas a los amigos de tu hijo como Dios te ama a ti.

11

Un hijo necesita que su mamá

Le dé un año más

Bendeciré al Señor que me aconseja; en verdad,
en las noches mi corazón me instruye.
Salmo 16:7

Antes que mi primer hijo comenzara a asistir al preescolar, tuve la oportunidad de hablar con dos consejeras de orientación para los alumnos de la escuela secundaria. Una trabajaba en la escuela pública; la otra era consejera en una escuela privada. Ambas damas, muy respetadas, me dijeron algo que moldeó de manera significativa las decisiones que tomé acerca de mis hijos y sus estudios.

Ambas consejeras me sugirieron que, si me era posible, le diera a cada uno de los hijos varones un año más en casa antes de asistir al preescolar. Me dijeron: «Esto va más allá de mantener a tu hijo en casa porque no esté listo para comenzar en el preescolar. Te aconsejamos que le des un año más para darle con él otro año de maduración antes de la universidad. Por lo general, ir al preescolar no es el problema. El problema viene más tarde, cuando el jovencito varón termina el instituto. Aquí, tal vez logre un gran expediente académico o encuentre el éxito en los deportes, pero si se gradúa necesitando otro año más de maduración, será demasiado tarde. El sistema y sus compañeros lo van a ir empujando a seguir adelante».

Algunos padres no les pueden ofrecer ese año extra en el hogar a sus hijos. Trabajos. Economía. El cuidado de los niños. Cuestiones de salud. Para algunas familias, otro año es algo que les es imposible imaginarse. Aún me siento agradecida de que tuviéramos la oportunidad de seguir su consejo. Mis dos hijos varones tuvieron un año extra en nuestro hogar antes de comenzar la escuela. Grayson comenzó el preescolar cuando tenía seis años. William tenía seis y medio. Eso significa que este año

William es el jovencito de más edad en su clase del último año del instituto y casi hemos llegado a la razón por la cual mantenerlo en casa. En siete breves meses, se graduará del instituto para entrar a la universidad. Señor, ten misericordia.

No tengo nada científico para informarte acerca de mi decisión. No hay gráficas comparativas ni datos regionales tirados por toda mi casa. No hay tests psicológicos ni pruebas clínicas. Todo lo que tengo son mis observaciones y paz en el corazón. Dos damas sabias me dieron un consejo al que le encontré sentido, así que seguí su indicación. Creo que tomé la mejor decisión para nuestra familia, pero a lo largo de los años hemos necesitado una explicación bien razonada.

Nuestras maestras del preescolar estuvieron en cordial desacuerdo con mi decisión. Sostenían que los muchachos estaban listos para el preescolar. Yo estuve de acuerdo en cuanto a su evaluación sobre su capacidad para seguir adelante, pero mi meta no era el preescolar, así que los inscribí para otro año de preescolar.

A lo largo de los años, para nosotros la principal dificultad ha sido ir abriéndonos paso a través de las diversas divisiones de edades y grados para mis hijos. Algunas actividades dividen a los niños por grados, como la escuela y la iglesia. Otras los dividen por edades, como los clubes de deportes. Algunas veces tuve que hacer las cosas distintas, pero casi siempre mantuve a mis hijos varones con los muchachos de su mismo grado. En años recientes ha habido más niños que se han quedado un año más en sus hogares o tomado la decisión de repetir una clase más adelante, de manera que hay más familias que atraviesan las mismas divisiones. Gracias a Dios, ya no somos los únicos «raros».

William fue en especial el más hablador durante muchos años, diciendo a menudo cosas como esta: «Se supone que yo debería estar *en tal grado*, ¿no es cierto, mamá?». Yo le respondía que había una gran cantidad de muchachos de su edad en ese grado, pero que no *se suponía* que él tuviera que estar allí. Estaba justo en el grado apropiado. Como es obvio, esa respuesta nunca le impresionó. Entonces, un día, en la secundaria, debe haber dicho algo como eso frente al entrenador del equipo de fútbol. Gracias a Dios, el entrenador se tomó un momento extra para decirle: «William, cuando estés en el instituto, ese año extra que tienes va a ser mi bendición. Me alegra que tu mamá te haya retenido en casa». Y de manera oficial, ese fue el final de las objeciones de William.

En la actualidad, Grayson se halla en el tercer año de la universidad, y William está terminando su último año del instituto, así que en este punto siento que te puedo dar una sincera evaluación de la decisión que tomé de darles otro año.

Volvería a hacer lo mismo una y otra vez, un millón de veces. Para mis hijos varones y para nuestra familia, darle a cada uno un año más en nuestro hogar fue sin lugar a dudas uno de los mejores regalos que les pude haber hecho.

De nuevo siento que necesito recordarte que tal vez la psicología no apoye las ideas de esta mamá, pero me parece que son demasiados los varones a los que no se les da suficiente tiempo para ser pequeños. Me parece que es bueno que los varones tengan más tiempo para jugar sin preocupaciones, sin prisas y sin estrés. No le encuentro sentido a la presión por «salir adelante» en lo académico a esa edad. Ya tendrán el resto de sus vidas para salir adelante y meterse en la cabeza todos esos conocimientos. Me parece que los varones pequeños están mejor preparados si han tenido tiempo suficiente para actuar de acuerdo a su edad. Más tiempo para actuar como niños, ser creativos y solo jugar.

Un año más en su hogar fue más tiempo para que les pudiera dar seguridad sobre mi afecto. Más abrazos, más ternura y más cercanía física. Ese año me lo pasé plenamente consciente del don recibido. No había forma de que volviéramos a tener esa clase de momentos preciosos nunca más. De no habernos tomado ese año antes del preescolar, sino que hubiéramos decidido después del instituto que nuestro hijo no estaba listo para ir a la universidad, ninguna decisión que tomáramos nos habría podido devolver el año de cuando él tenía cinco años. Un año más de serenidad para sentarse en mi regazo, para abrazarlo cuando lloraba, para leerle cuentos y mecerlo, y que lo vieran con su mamá. Sí, los cinco años son casi lo último de todo eso.

En ese entonces, esperaba que un año extra ayudara a satisfacer al «varoncito» que había en sus almas. Sobre todo, quería que se volvieran hombres fuertes y maduros que aún fueran capaces de actuar como niños. Tenía la esperanza de que el hecho de que la libertad hubiera durado un poco más tuviera parte en el fortalecimiento de su madurez más tarde. Hay hombres maduros que viven como si estuvieran tratando de recuperar los juegos que no tuvieron en la niñez. Algunos parecen hasta estar buscando una mujer para que les sirva de madre en lugar de una mujer que sea su compañera. Llámame loca por establecer una correlación entre la fortaleza de un hombre maduro y los primeros años de un niño pequeño, pero en lo más profundo de mi corazón creo que tengo razón.

Por favor, no creas que te digo: «Tienes que hacer esto o tu hijo se va a volver... lo que sea». Esa no es mi intención, ni es lo que tengo en el corazón. El consejo que seguimos fue sabiduría para *mis hijos*, y sin hacer juicio alguno, estoy contándote esta historia. Mientras más tiempo llevo de ser madre, más convencida estoy que Dios no nos llamó a todos a ser padres de la misma forma. Cada uno de sus chicos lo hizo de forma única. Adquirimos sabiduría cuando aprendemos de otros, pero el mayor beneficio que le puedes hacer a tu hijo es obedecer a Dios según Él te guíe.

Escucha las indicaciones que te dé Dios. Estudia a tu hijo y a tu familia. Préstale más atención a la persona en que él se está convirtiendo que a la presión por hacer que vaya adelantando en la escuela «a tiempo».

Dentro de siete meses, William se graduará del instituto. Ese día tendrá diecinueve años y cuatro meses de edad. Podría parar de escribir ahora mismo y llenar la próxima página de elogios a mi hijo. Sin embargo, nunca han sido los elogios lo que he estado buscando. Lo que he buscado siempre ha sido la madurez. La fortaleza de carácter es la meta.

Hoy tenemos las vacaciones de otoño y mis hijos están entrando y saliendo a la carrera de la casa. Hace dos minutos, William vino desde la casa de un amigo suyo, tomó algo de ropa, me habló unos tres minutos y después volvió a salir para las prácticas. Fue un momento de varón adolescente muy normal. William no tenía idea sobre lo que yo escribía cuando levanté la vista para mirarlo. Todo el tiempo que me estuvo hablando, estuve escudriñando esos ojos castaños que tiene, buscando eso que solo conocemos las mamás.

Entonces, William se dirigió a la puerta y me gritó desde allí: «Te quiero, mamá».

La casa volvió a estar en silencio, pero mi alma se siente llena de seguridad. *Sí, va a estar listo para partir.*

12

Un hijo necesita que su mamá

Ore para que grandes hombres se conviertan en su influencia

El hierro con hierro se afila, y un hombre aguza a otro.

Proverbios 27:17

Al final de su primer año, William llegó a casa un viernes por la tarde y, algo después de la cena, mencionó de pasada:

—Ah, se me olvidaba. Chris va a venir hoy para pasar aquí la noche.

—¿Cuál Chris? —le preguntamos.

—Chris Kabrich —nos dijo como si Chris Kabrich fuera su gran amigo que siempre viniera a casa para pasarse las noches de los viernes.

Scott y yo nos miramos, obviamente pensando lo mismo. No es posible que esté hablando del jovencito que conocemos y que se llama Chris Kabrich. Así que uno de nosotros le preguntó:

—¿Chris Kabrich? ¿El Chris Kabrich del último año del instituto?

—Ese —respondió Don Impávido. Y salió escaleras arriba.

Allí en la cocina, Scott y yo nos vimos inundados de inmediato por la misma sensación. *¡Ah, no! Tiene que ser que William entendió mal!* A Chris Kabrich solo le faltaban unas semanas para graduarse. Era uno de los jóvenes más fantásticos con los que te podrías encontrar jamás. Y uno de los más alegres. Ambos nos sentimos un poco nerviosos, porque sabíamos que William admiraba a Chris. Era un muchacho excelente y todo eso, pero no nos podíamos imaginar que el «Gran hombre de la escuela» llegara en su auto hasta nuestra casa para pasar la noche en la casa de nuestro pequeño y delgado estudiante de primer año. La mamá que hay en mí no quería que le hicieran daño a William. Cualquiera que fuera la clase de conversación que tuvieran, estábamos seguros de que William la entendió mal.

Hasta que sonó el timbre de la puerta.

Y allí mismo en nuestro portal, con una sonrisa de oreja a oreja, estaba el más encantador de todos los alumnos del último año del instituto que yo había visto en mi vida. *Pero si es él*, dije para mis adentros mientras Chris Kabrich entraba por la puerta. Nos saludó a Scott y a mí con abrazos y con aquella divertida risa tan suya. William llegó corriendo por las escaleras del frente. Esos dos se saludaron con la palma abierta, chocaron puños o lo que fuera. Chris dejó su bolsa en el suelo. «Espero que no tengan inconveniente en que me quede esta noche», nos dijo.

Scott y yo tratamos de actuar con normalidad.

Chris Kabrich no tiene edad suficiente para captar que esa noche él era la poderosa respuesta a nuestras oraciones. Cuando tenga su propio hijo repleto de energía, tal vez comience a comprender el inmenso regalo que le hizo a William. Y a mí. Para nuestro muchacho de primer año era algo de suma importancia que los alumnos mayores lo vieran y les cayera bien. Y no solo cualquiera de los alumnos mayores, sino el personaje que es piadoso, listo, atlético, divertido y fantástico. Es la clase de influencia que uno le pide a Dios en sus oraciones para su hijo.

Por asombrosa y maravillosa que seas, un día tu voz como mamá se va a volver como casi nula para tu hijo. Un zumbido siempre presente. Un libro hablado que sigue saltando, repitiendo las mismas cosas una y otra vez. Tu voz forma parte de la pista de sonido de sus años de crecimiento y, después de haberla oído tantas veces, su cabeza se puede desconectar de lo que contiene. Todo lo que digas, cualquiera que sea su contenido, procede de tu voz, con tus frases y tu tono. Y todo. Parece. Igual.

Durante gran parte de su vida, mis hijos han viajado conmigo cuando he ido a hablar en conferencias de damas. En cambio, un fin de semana en particular, fuimos en auto hasta Atlanta para un fin de semana con cuatro mil doscientas jovencitas adolescentes. Mis chicos tenían cerca de diez y doce años en ese entonces. No necesito decirte que todo aquel fin de semana fue un cambio total de paradigmas. Había una gran cantidad de chillidos, energía, volumen y todo lo que los intimidaba. Mis hijos decidieron quedarse rondando por el cuarto de sonido para sentirse seguros.

Después que les hablé a las chicas desde la plataforma, me comencé a abrir paso hacia donde estaban mis hijos. Al mismo tiempo, Grayson había dejado el cuarto de sonido e iba a mi encuentro. Nos encontramos en la escalera, donde él corrió para darme un gran abrazo. Entonces, con una voz llena de sorpresa, me dijo: «Mamá, eres divertida». Me reí ante su nueva revelación. «¿Divertida? Grayson, yo siempre soy divertida. Era divertida esta mañana mientras tú desayunabas. Era divertida mientras veníamos para acá en el auto. Toda tu vida he sido divertida». Mi voz, en cambio, es la voz de su mamá, algo semejante a un zumbido continuo.

Ese día hablé yo, sus amigos se rieron y Grayson escuchó algo nuevo. Soy divertida.

No nos podemos tomar en lo personal nada de esto. Nuestros hijos viven con nosotras durante un tiempo muy largo. Eso mismo que les da seguridad, nuestra voz, es lo que puede perder su efecto después de un tiempo. Así que, mamás, oren y pídanle a Dios que envíe unas personas excelentes que tengan influencia sobre sus vidas. Es asombroso cómo un chico de la universidad, un pastor de jóvenes, un maestro o un entrenador puede decir lo mismo que siempre le has dicho tú. Aun así, es su voz. El uso de unas palabras diferentes. Unas maneras diferentes. Y por fin, tu hijo puede escuchar.

Lo que es más, un gran hombre le puede decir cosas a tu hijo que tú nunca has sabido cómo decirlas, y darle cosas que tú nunca has sabido cómo darle. Alguien dijo que un niño aprende a ser hombre en la presencia de otros hombres. Si esto es cierto, y yo creo que lo es, las mamás tienen que orar para que sus hijos se vean rodeados por grandes hombres. Oramos para que su papá, sus abuelos, sus tíos y sus primos sean grandes hombres influyentes en su vida. Oramos para que haya estudiantes estupendos en la universidad, atletas destacados en el deporte y músicos creativos que sean unos grandes hombres capaces de añadir su capa de influencia al alma de ellos.

Estos son los años en que las influencias son importantes en especial. Nosotras tenemos el llamado a proteger nuestros hijos varones y, si es necesario, las mamás estamos dispuestas a abrir las puertas a patadas para eliminar las malas influencias. No obstante, antes de llegar a ese punto de derribar puertas, la mejor defensa de una mamá contra las malas influencias es la atracción de un hombre que tenga mucha influencia sobre su hijo.

Pídele a Dios que traiga grandes hombres a la vida de tu hijo. Donde puedas, sé proactiva con maestros, entrenadores y otros líderes. No te conformes con el statu quo cuando se te presente la oportunidad de conectar a tu hijo con alguien piadoso y sabio, alguien creativo e interesante. Y no te dejes engañar con la idea de que tú eres todo lo que él necesita. Nuestros hijos necesitan grandes hombres que les muestren el camino.

13

Un hijo necesita que su mamá

Le enseñe a esperar su turno

Fortalecidos con todo poder según la potencia de su gloria, para obtener toda perseverancia y paciencia, con gozo.

Colosenses 1:11

Mucho antes de las computadoras personales y matriculación en línea, la gente tenía que hacer colas. En la Universidad de Carolina del Norte, hacíamos colas para todo: nuestras valiosas pegatinas para el aparcamiento, los horarios de clases, las entradas al baloncesto... todo. Después de unos años como estudiante, caminabas junto a una cola de gente y dabas por sentado que se suponía que estuvieras en ella. Las colas se extendían alrededor de los edificios y a través del patio interior, porque la gente que esperabas ver no parecía tener prisas nunca. Te podía llevar todo un día solo la gestión de dejar una asignatura. Cambiar de especialidad era un problema demasiado grande. Era más fácil quedarse con la misma que comenzaste.

Hay algo divertido que aprendí de todos esos años haciendo cola. Quizá más que el hecho de que te llegara el turno, ser la *próxima* en la fila es un sentimiento grato de verdad.

Tan pronto como sea posible, nuestros hijos necesitan que les enseñemos que la vida puede ser muy parecida a esperar en la cola. Reúnes todas tus cosas. Empacas algo de comer. Escoges el camino adecuado. Te armas de paciencia. Te enfrentas a la realidad con firmeza. Y esperas a ser la próxima.

Los que se han pasado una buena parte de su vida esperando reciben una gran lección. Algunas veces, tienes todos tus papeles y las credenciales necesarias, y estás justo en la cola adecuada y en el debido momento, pero aun así tienes que esperar. Una angustiosa espera. Una espera en la que te preguntas si estarás en la cola adecuada. Una espera mucho más larga de lo que esperabas. Todo ese tiempo, aunque estés en la cola debida, en la dirección exacta, si no han dicho tu nombre, es que no te ha llegado tu turno. Todavía.

La lección de esperar con gracia e integridad tu turno es la que les debemos dar a nuestros hijos varones. No hay casi nada peor que encontrarse con un hombre hecho y derecho cuya mamá nunca le enseñara a esperar.

Alguien dijo que la madurez es la capacidad para retrasar la satisfacción. Cuando tu hijo aprenda a esperar las cosas que quiere con tantas ansias, aumentará su madurez. Si la meta es convertirse en un hombre de gran carácter, aprender a esperar es una lección que debe comenzar temprano e ir avanzando durante todos sus años de vida. Es necesario que un hijo comprenda que si es algo que quiere en realidad o la cosa misma que piensa que es su razón de existir, muchas veces en esta vida se encontrará con una espera.

Les debemos enseñar a nuestros hijos que esperar su turno significa...

Confiar en la soberanía de Dios. Las mamás podemos ayudar a nuestros hijos varones a practicar la confianza en la fidelidad de Dios. Háblale de confiar en Dios. Deja que te escuche mientras les dices a otras personas lo mucho que confías en Dios. Díselo cuando estés esperando en que Dios te dé una indicación concreta o una respuesta específica. Cuéntale a ese hijo tuyo las historias sobre la fidelidad que Dios ha tenido contigo; las respuestas a tus oraciones. Ayúdalo a acudir a Dios en primer lugar. Ora con él por las circunstancias que exigen que espere. Explícale que Dios es el dador de sueños y que podemos confiar en que Él mantendrá nuestros sueños seguros y protegidos. A medida que aprenda a confiar en que Dios tiene sus momentos perfectos para las cosas, en su corazón crecerá una paciencia mayor.

Me encanta algo que dijo Oswald Chambers: «Espera en Dios y Él obrará, ¡pero no esperes enfadado espiritualmente ni sintiendo pena por ti mismo, pues tu visión es tan corta que no tienes la capacidad de ver más allá de tus narices!»*. Esa espera «enfadado espiritualmente» es justo lo que una mamá le puede enseñar a su hijo.

No puedes olvidar la parte de «todavía». Cuando aún no te haya llegado tu turno, eso no significa que estés en otra cola que no sea la adecuada ni que estés haciendo algo indebido. Tampoco significa que nunca se concretará lo que esperas. No significa que no estés calificada ni que vas en una dirección equivocada. Solo significa que todavía no. Una de las cosas más estupendas acerca de la decisión de tu hijo de *Todavía no me ha llegado mi turno* es la libertad que le da para celebrar en forma genuina con los demás cuando les llega el turno antes que el suyo.

Te llegó la hora de prepararte. Cuando por fin te llega tu turno, ¿acaso no sería devastador que no estuvieras preparada? Dios podría decir: «El próximo». Y tú dirías: «¿Me puedes dar unos minutos más? Aún no lo tengo todo preparado». Enséñale a tu hijo a usar el tiempo de espera para prepararse. Cuando por fin lo llamen, querrá estar listo para cualquier cosa que sea. Y cuando esté listo para que le llegue su turno, tendrá en su interior una seguridad que le dará fortaleza.

A veces, has hecho todo lo que puedes y aún tendrás que esperar un poco más. Nuestros hijos varones necesitan saber que aun después de hacerlo todo, orar, confiar en Dios con una actitud «sin enfurruñamientos», celebrar a otros y prepararse, incluso entonces no nos es posible mover en ningún sentido el tiempo perfecto de Dios. En tiempos como estos, debemos mantenernos firmes en lo que Dios nos dijo que hiciéramos:

> Por lo tanto, pónganse toda la armadura de Dios, para que cuando llegue el día malo puedan resistir hasta el fin con firmeza (Efesios 6:13, NVI®).

Como con la mayoría de los rasgos fuertes de carácter, también hay una advertencia, una especie de paradoja que nos espera. En esta vida, aprender a esperar algo con paciencia es una buena cualidad. Sin embargo, pasarnos toda la vida esperando algo es una necedad. Los grandes hombres comprenden la diferencia. Demasiadas personas tienen la esperanza de vivir hasta poderse convertir en grandes personas o hasta que les llegue la persona perfecta a su vida. Pueden perder toda la vida, esperando que se les presente la gran oportunidad, un gran trabajo o un gran premio en la lotería.

Lo cierto es que, desde el tiempo en que comiencen a razonar, nuestros hijos varones van a estar esperando algo. Esperando la cena. Esperando salir al recreo. Esperando a que los llame el entrenador para que entren en el juego. Esperando a conducir un auto. Esperando a tener novia. Van a tener una gran cantidad de oportunidades para aprender. Entonces, a medida que enseñas, que no se te olvide mostrarle a tu hijo que los muchos días normales, regulares y monótonos de esperar un minuto más de la vida cotidiana es el regalo más preciado que tenemos.

Vivir en el gozo de este momento mismo es algo que nunca le exigirá que espere.

Enseñémosle ambas cosas y hagámoslo bien.

* Oswald Chambers, *En pos de lo supremo*, Centros de Literatura Cristiana de Colombia, 2003, 1.º de agosto.

14

Un hijo necesita que su mamá

Tenga una amiga piadosa con la que pueda correr

El bálsamo y el perfume alegran el corazón;
los consejos del amigo alegran el alma.

Proverbios 27:9, RVC

Hace algunos años, mi mentora me dijo algo que he encontrado que es cierto en cada aspecto de mi vida. Me dijo: «Nosotros vamos al mismo paso de las personas junto a las que corremos».

Aunque la analogía de la carrera solo se aplica a mi vida espiritual, me sigue agradando la imagen que presenta. Solo soy aspirante a corredora. Uso las zapatillas para correr porque las siento estupendas. Sin embargo, todos los que corren de verdad en los maratones te pueden decir por qué es cierto el consejo de mi mentora. Correr junto a alguien con un corazón y un ritmo similares te mantiene a buen paso y enfocada. Una corredora me dijo: «Yo nunca habría podido terminar el maratón sin mi compañera de carrera. Su constante presencia me hacía sentir más responsable y constante en mi entrenamiento». Mi esposo es triatleta y un Hombre de Hierro que terminó dos veces el maratón y está de acuerdo por completo. Dice que el espíritu de camaradería puede hacer que nos sigamos moviendo, incluso cuando sintamos que ya no podemos más.

Gran parte de mi formación y remodelación como mamá me ha venido de mis amigas piadosas. Estas mujeres que quieren agradar a Dios más que ninguna otra cosa en la vida se han convertido en mis maestras, mis cajas de resonancia, mis consejeras y mis confidentes. Me inspiran a ir siempre más profundo y a seguir buscando la próxima oportunidad para conectarme con mi hijo o para hablarle la verdad a su vida. Calman mis temores y me devuelven la tranquilidad ante todas las chifladuras que hacen los hijos varones y que una no conoce hasta que es madre.

Dios ha enviado a mi vida grandes mamás para que corran espiritualmente junto a mí. Cada una ha llegado en una temporada diferente y ha hecho que yo corra con un poco más de fuerza. Estas mujeres tienen mi misma pasión por conocer de manera íntima a Dios y buscarlo con un propósito deliberado. Son la clase de mujeres que me hacen querer seguir adelante y apresurar mi paso espiritual. Son almas gemelas, mamás de varoncitos, como lo soy yo. Enviadas por Dios para ayudarme a parecerme más a Él y menos a mí misma, y amar a mis hijos con un amor sano y apasionado.

Para mí, estas palabras de Gordon MacDonald están llenas de verdad:

> Puedo recordar a ciertas personas de mi mundo cuya compañía me devuelve el vigor, y cuando me dejan, me siento lleno de energía, de ideas y de intenciones con respecto a Dios, a mejorarme a mí mismo y a servir a los demás. También puedo recordar a otras personas de mi mundo cuya presencia me agota. Y cuando se marchan, estoy listo para tomar una muy larga siesta*.

Las mujeres estimulantes en mi vida son vivas y apasionadas, siempre listas para soñar, ancladas con firmeza en Dios y en su Palabra. Crían a sus hijos manteniendo a Cristo en el centro de sus vidas y recordándoles que nunca deben perder de vista la eternidad.

En cambio, también he tenido en mi vida una buena cantidad de mujeres que me dejan exhausta.

Hace ya muchos años, hubo en mi vida una mujer que decidió que tenía que hacerse amiga mía. Era una persona dulce y amaba al Señor, pero entre nuestras almas no existía una conexión real. Esta mujer me llamaba casi todos los días (mucho antes de los mensajes de texto y de Facebook). Como me sentía sola en casa con mis bebés, comencé a considerarla como amiga. Trataba de que no me importara que su actitud fuera de ordinario lúgubre y deprimente. Trataba de pasar por alto las diferencias entre nuestras teologías. Llena de tristeza la mayor parte del tiempo y de manera esporádica con el Señor, era la amiga que seguía apareciendo. Y yo dejaba que pasara todo.

Con el tiempo, le comencé a abrir el corazón a esta mujer, hasta un día en que ella estaba sentada en mi casa, dándome un consejo que más parecía una orden acerca de mi vida. Recuerdo que me desconecté de la conversación el tiempo suficiente para poder pensar: *¿Qué estoy escuchando? Estas cosas son las más torpes que he escuchado jamás. ¿Por qué permito que alguien que no siente pasión por Jesús me hable acerca de mi vida?* Al final, desperté y me di cuenta de que su amistad no era sana para mí. Esa persona podría seguir en mi vida, pero no le daría permiso para andar caminando por dentro de mi alma.

Proverbios 4:23 dice: «Por sobre todas las cosas cuida tu corazón, porque de él mana la vida» (NVI®). Cuidar mi corazón significa que me debo preguntar a cada momento: *¿A quién le he dado permiso para que me hable acerca de mi vida?* Me comprometí a proteger mi corazón porque son muchas las cosas que se deciden en él: mi actitud hacia la vida, la educación de mis hijos, mi manera de ver el mundo y, lo más importante de todo, mi relación con mi Salvador.

La decisión de cuidar mi corazón me obligó a distanciar mi alma de aquella mujer. Tenía que sustituir lo que me había estado comunicando con una sabiduría y unos consejos sabios. Decidí pasar menos tiempo a su lado y de manera consciente no le pedí más consejos. Comencé a examinar mis amistades informales y a escoger mujeres piadosas para recibir de ellas entendimiento y dirección. Cuidar mi corazón significaba que tenía que estar vigilante en cuanto a quién recibía permiso para entrar en él.

¿A quién le has dado permiso para entrar a caminar en tu alma? ¿Las amigas junto a las que corres espiritualmente renuevan tus energías para que te conviertas en una mejor mamá? ¿O te son un obstáculo en tu caminar con Dios y te hacen sentir cansada? ¿Tienes que tomar decisiones en cuanto a cuidar tu corazón? ¿Hay alguien junto a quien pudieras correr que te pueda ayudar a tomar el paso?

Una parte de lo que es convertirme en la mejor mamá que puedo ser para mi hijo varón es la de encontrar a otra mamá piadosa con la que pueda recorrer el camino. Dios edificó su Iglesia en la tierra para que no tengamos que ir solos por la vida. Necesitamos la comunidad de los demás creyentes, pero pienso que esto es cierto en especial para las mamás.

Anhelo terminar bien como mamá. Quiero ser siempre una mamá piadosa hasta el final. No me quiero quemar y pasarme los últimos veinte años de mi vida en una casa móvil, despegada de mi familia, tratando de encontrar todas las cosas que me parece haber perdido. Quiero que mis hijos conozcan la bendición de una mamá que ama de veras a Jesús y que sea para ellos hasta la muerte un modelo de búsqueda de santidad y gracia.

Tener una amiga piadosa que corra junto a ti es una parte integral de terminar bien. Lo cierto es que, sin esas amigas, me sentiría tentada a echarlo todo a rodar con mayor frecuencia, mantenerme más tiempo sin progresar y darme por vencida más veces de las que empiezo algo.

Vamos a animarnos unas a otras y correr al lado unas de las otras y correr tan rápido hacia el Padre como nos sea posible. Y por la gracia de Dios, ese hijo tuyo que estás criando va a aprender de su mamá lo que significa correr hacia Jesús. Tal vez nos supere a todas nosotras.

---

* Gordon MacDonald, *Restoring Your Spiritual Passion*, Thomas Nelson, Nashville, TN, 1986, p. 71.

15

Un hijo necesita que su mamá

Deje de esperar lo *perfecto* y haga ahora lo mejor que pueda

La piedad es una gran ganancia,
cuando va acompañada de contentamiento.

1 Timoteo 6:6, RVC

Hay una voz interna dentro de muchos de nosotros. Algunos días la voz susurra. Otros días grita.

No eres lo suficiente.

No eres lo bastante divertida.

No eres lo bastante lista.

No eres tan simpática como esas otras mamás.

Tu casa no está decorada.

Tú no sabes cocinar como ella.

Y sigue y sigue sin parar. A la larga, el bombardeo de mentiras en tu cabeza comenzará a paralizar tu alma. Y antes que te des cuenta, las mentiras se convierten en la voz más alta y sus semillas de una falsa verdad prenden en tu alma.

Después de mi divorcio, todo lo que podía escuchar eran voces. Mi dolor, mi desilusión, mis fallos, mi quebrantamiento y mis imperfecciones. La angustia seguía presente y las voces hablaban alto y yo hice lo que vi que hacían muchas otras personas. Me encerré en mí misma. Me avergüenza recordar mis conversaciones de esos años. Tanto con mis amigos, como con mi familia, de lo único que hablaba era de mí misma. Estaba muy centrada en mi persona y enfocada solo en las infelices circunstancias que atravesaba.

Es obvio que tenía que pasar por muchas cosas, pero era la madre de cuatro niños maravillosos que necesitaban que su mamá recuperara la cordura. Dentro de mí pasaba una gran cantidad de cosas, pero por fortuna, Dios terminó aclarando algunas. Aun con todas mis imperfecciones y mi sufrimiento, tuve que reorganizar las prioridades de mi vida. Los primeros tenían que ser mis hijos. Sobre todo, lo que más les hacía falta era que me enfocara en sus corazones y sus necesidades.

¿Qué les hacía falta? Que yo fuera la mejor mamá que pudiera ser. No perfecta, pero coherente. Que me volviera más fuerte delante de sus ojos. Que fuera una mujer de semblante amable. Que derrochara mi amor sobre ellos. Que me centrara hacia afuera, hacia ellos, en lugar de centrarme en mí misma, en mi interior, cerrando los ojos en medio de mi lamentable desilusión. Les hacía falta que me lanzara a los brazos de Dios, recibiera su sanidad, escuchara sus promesas, confiara en su provisión y después me pusiera en pie para amarlos bien. Tal vez tu hijo necesite eso mismo de ti.

En esa época, uno de los mayores obstáculos que tenía era el juego interno y privado de la espera que jugaba. Esperar a que apareciera alguien a rescatarme. Esperar alguna intervención milagrosa que hiciera buenas todas las cosas malas. Solo podía pensar en mí misma, en mis inmensas responsabilidades y en mis debilidades y fracasos. Paralicé la vida real hasta que me pudieran rescatar. Lo que es peor, todo ese tiempo paralicé mi vida con mis hijos.

Un día, por fin me di cuenta. *¿Qué pasaría si dejara a un lado esta costumbre de desear? ¿Qué pasaría si dejara de pensar siempre en mí misma? ¿Qué pasaría si tratara con todo el corazón de amar bien a mis hijos y darle forma a una vida excelente para nosotros? ¿Qué pasaría si gastara todas mis energías en hacer mi mejor esfuerzo en lugar de estar esperando que algo venga a salvarnos?*

La decisión de pasar por alto las voces enloquecedoras que había en mi cabeza significó tres cambios. En primer lugar, decidí hacer de los niños mi principal prioridad, centrando en ellos mi enfoque externo. En segundo lugar, le pedí a Dios que comenzara la sanidad que necesitaba con urgencia en mi interior. En tercer lugar, decidí que aunque todas esas voces y sus mentiras fueran ciertas, a partir de ese día mis hijos merecían algo mucho mejor que una mamá paralizada por todas sus imperfecciones.

Cuando dejé de esperar lo *perfecto*, dejé de desear que pasara el tiempo y dejé de esperar una vida diferente, fue como si mi alma despertara y entrara en mí como un torrente una nueva sensación de ternura hacia mis hijos. Todas mis circunstancias seguían siendo las mismas, pero me cambió la paz que me llenó el alma.

Hasta el día de hoy, decidirme a no esperar lo *perfecto* es una de las lecciones más dulces que Dios me ha enseñado acerca de la crianza de los hijos, sobre todo mis varones. Los varoncitos no se preocupan mucho por la perfección en los detalles. A los varones adolescentes les preocupan mucho menos. Yo me habría perdido muchas cosas en cuanto a amarlos bien si Dios me hubiera permitido seguir en mi espera.

Nunca habríamos invitado a nadie a nuestra casa si yo hubiera estado esperando aún lo perfecto. El año pasado fui anfitriona de nuestra cena familiar del Día de Acción de Gracias para treinta personas. En un momento de la tarde, miré a un lado de la habitación y estuve a punto de echarme a reír. En la pared, detrás de nuestra mesa principal, había por lo menos quince colores equivocados diferentes de pintura que formaban una especie de edredón de parches. Sonreí para mis adentros y le agradecí al Señor su gracia. Se me había olvidado que esos colores estaban allí. En mis días de *esperar lo perfecto*, me habría matado para tener pintada esa pared antes que dejar que alguien viniera a comer a mi casa. A nadie le importaron los colores.

Nunca habría dicho que podríamos albergar a catorce jugadores semiprofesionales de fútbol durante una semana en el verano pasado. ¿Bromeas? ¿Dónde iban a dormir tantos hombres adultos? Gracias a Dios, libre de lo imperfecto, pedí prestadas camas de aire y colchas, e hice de pared a pared una barraca dormitorio para nuestros huéspedes. Tenían baño y medio para todos. Le dimos amor a cada uno de ellos. Estaban felices de estar aquí. Y lo más importante, a nadie le importó nada.

Es obvio que esta vida que tenemos todavía es imperfecta. Aun así, ya no me puedo imaginar nuestra vida sin toda esa loca diversión que hemos tenido, la gente que hemos conocido y las oportunidades que hemos tenido para crecer. Bendigo a Dios por el día en que Él me dijo: «Aparta los ojos de ti misma, vuélvelos hacia tus hijos y haz lo mejor que puedas con lo que tienes hoy».

Abandonar la idea de lo *perfecto* tal vez no sea la clase de decisión que a ti te parezca que deba ser. En ese entonces, es probable que yo hubiera dicho que no estaba dispuesta a asentarme, que me negaba a bajar los niveles de mis fuertes normas. Mis sueños perfectos me mantenían siempre esperando a vivir. Eran los sueños fabricados por mi inseguridad. Un día,

Dios me preguntó: *¿Estás dispuesta a confiar en mí lo suficiente como para vivir tu propia vida y amar a tus hijos ahora mismo?*

Y ahora entiendo mejor ese don al que Dios le llama contentamiento. La fe en Dios te puede ayudar a poner a un lado tu lucha por alcanzar la perfección y darte el valor necesario para vivir lo mejor que puedas.

Estimada mamá, que el Dios del contentamiento te dé valor.

16

Un hijo necesita que su mamá

Tenga la suficiente seguridad para guiar y la suficiente humildad para pedir perdón

Vivan como es digno del llamamiento que han recibido, y que sean humildes y mansos, y tolerantes y pacientes unos con otros, en amor.

Efesios 4:1-2, RVC

Sin importar tu posición, ya sea de mamá felizmente casada, mamá soltera, mamá vuelta a casar o mamá en una familia mixta, te llegarán de manera inevitable unas circunstancias que te harán dudar de tu capacidad para llegar a ser alguna vez una *buena* mamá.

Sin importar cómo se desarrolla tu historia ni por qué las cosas resultaron de la manera que resultaron, lo cierto es que hoy eres la mamá de tu hijo. Tú eres la mamá. Tú eres la que mandas. Tú eres la adulta y él es el pequeño, aunque su «pequeñez» se halle empacada dentro del cuerpo de un alto adolescente. Se te ha dado autoridad para educar a tus hijos. Tu historia no te quita esa autoridad ni disminuye la responsabilidad que tienes ante Dios de proteger, guiar, disciplinar y orientar a tu hijo.

Los ojos de mis hijos se abrillantan como una rosquilla de *Krispy Kreme* cuando lo digo, pero casi siempre vuelvo a caer en esto por lo menos una vez a la semana: «Yo tengo la responsabilidad ante Dios de protegerlos. En realidad, esto no tiene que ver contigo, ni con que sea tu amiga, ni con lo que pienses en esa cabeza tuya. Esto tiene que ver con el hecho de que tengo que responder ante Dios por la forma en que te haya protegido. No me importa si te enfadas, te pones triste ni te agrada. Yo soy la mamá. Un día voy a comparecer ante Dios y eso me lo tomo muy en serio».

¿Y sabes una cosa? Esto les da a mis hijos una profunda seguridad cuando me pongo en pie y los guío con autoridad. Se lo puedo leer en el rostro. Cuando asumo la autoridad, no soy ni mala ni difícil, sino que busco sabiduría para dirigir sus corazones y mantener unos límites saludables.

Cuando era mamá soltera, los niños y yo comíamos algo de almuerzo en algún lado los domingos después de la iglesia. Casi todos los domingos había algún desacuerdo en cuanto al lugar donde iríamos. Yo podría comer comida mexicana en todas las comidas. A Grayson le gustaban las cosas fritas. Los otros a lo mejor intervenían para hablar de algún lugar grasiento donde se podía comprar desde el auto. Las discusiones después de la iglesia nos agotaban a todos.

Años antes, les conté a mis hijos la historia de su abuelo los domingos. «¿Saben? Mi papá, el abuelo de ustedes, nunca nos preguntaba dónde queríamos ir después de la iglesia. Nos montábamos todos en el auto y él nos llevaba donde quisiera para comer allí. Entonces, comíamos el almuerzo sin protestar. Ningún niño pequeño daba su opinión sobre dónde daban los mejores juguetes para niños. Solo íbamos donde papá nos llevara y actuábamos con gratitud. Un día, voy a ser como mi papá. Voy a conducir y ustedes comerán donde yo detenga el auto».

Llegó otro domingo y las cosas en el auto pasaban como siempre después de la iglesia. Entonces, uno de los niños me dijo desde el asiento trasero: «Mamá, solo sé como abuelo».

Nuestros hijos necesitan que los guiemos, tanto en las cosas pequeñas como la comida y en las cosas grandes como las del hogar y del corazón. No temas ser la mamá que necesita tu hijo. Nuestros hijos necesitan ser niños, y eso sucede cuando tú y yo desempeñamos nuestro papel con fortaleza y con una autoridad bondadosa.

Guiarlos con seguridad significa entrar dentro de su confusión con unas decisiones claras y bien pensadas, diciéndoles que no cuando el Espíritu Santo te indique que les digas que no, y diciéndoles que sí cada vez que puedas. Ser una mamá segura también significa que somos las primeras en pedir perdón cuando arruinamos las cosas. ¿Cómo van a aprender nuestros hijos a pedir perdón a menos que nosotras seamos lo bastante grandes para ser modelos de esa humildad del «Lo siento»?

Quiero que mis hijos se den cuenta cuando decidan algo indebido, o actúen mal, y aprendan a pedir cuanto antes el perdón y la restauración.

Nosotras tenemos que comenzar por ser modelos de lo que esperamos enseñar.

Por otra parte, cuando tu hijo te diga «Lo siento», allí acaba todo. Podrá haber consecuencias, pero se acabó la ofensa. No podemos reprender a nuestros hijos por sus errores, ni seguirles recordando sus malas decisiones. El tono de nuestra voz y nuestro rostro les deben comunicar que todo terminó. El perdón perdona en realidad.

Recuerdo haber oído que debemos tratar a nuestra familia como amigos y a nuestros amigos como familia. Creo que esto es especialmente cierto en cuanto a la crianza de los hijos. Corregimos, pedimos perdón y aceptamos excusas, y después reconstruimos la ternura con nuestros hijos. Sus corazones son muy valiosos. Ningún niño debería tener que soportar el dolor que produce alguien rencoroso o cuando se les perdona de manera condicional. Enséñale a tu hijo a perdonar y recibir el perdón con la manera en que lo haces con él.

A veces, la humildad significa dar marcha atrás con tu hijo. Muchas mamás me han dicho: «Ángela, ya le he permitido a mi hijo que haga esto y lo otro. ¿Cómo le puedo decir ahora que no lo haga?». He aprendido que es muy de personas maduras dar marcha atrás si te das cuenta de que cometiste un error o no escogiste lo mejor para tu hijo.

Con frecuencia he tenido que decir cosas como esta: «Sé que permití esto en el pasado, pero ahora considero que es un error hacerlo. No marqué un límite fuerte para nuestra familia. Tomé una mala decisión. Ahora, en cambio, entiendo mejor las cosas, así que quiero hacer lo mejor para todos nosotros. Me doy cuenta de que esto les puede resultar difícil, pero voy a dar marcha atrás. Sería indebido que les dejara hacer algo cuando sé que no es lo mejor para ustedes ni para mí. Les ruego que me perdonen por no hacer esto antes o por hacer que ustedes se sintieran confundidos».

Tal vez se quejen o lloriqueen, pero los niños funcionan bien con la sinceridad. Yo he dado marcha atrás varias veces después de informarme mejor o sentir que necesitaba aflojar los límites o apretarlos en un aspecto determinado. Educar con fortaleza a los hijos significa que cuando des marcha atrás, te tienes que quedar en esa posición. Nada de deslizarte de tu recién hallada sabiduría o dirección, o tu hijo le perderá el respeto a tu autoridad. Lo último que desearías es que él pensara: *Sí, claro, ella siempre dice cosas como esa, pero nunca las dice en serio.*

La mujer piadosa y segura es la que permite que la humildad fortalezca su labor de criar a sus hijos. Una de las lecciones más poderosas que tal vez nuestros hijos reciban jamás es el ejemplo de su madre cuando Dios le hace ver algo y cambia el curso hacia donde Él la dirija.

Que Dios te conceda la seguridad necesaria para guiar a tu hijo cuando tomes decisiones, sin importar su tamaño. Que Dios te conceda también la humildad para ser ejemplo de cómo los líderes buscan el perdón, piden disculpas con rapidez y dan marcha atrás cuando sea necesario.

17

Un hijo necesita que su mamá

Sea la mamá más mala del mundo (a veces)

Enseña al niño el camino en que debe andar,
y aun cuando sea viejo no se apartará de él.

Proverbios 22:6

En nuestra cultura, y en estos absurdos e indulgentes tiempos, convertirnos en mamás que fijen límites podría ser una de las cosas más difíciles que tú y yo tengamos que hacer jamás. Tratar de abrirse paso en esta cultura ya es lo bastante difícil. Cuando le añades a esto unos cuantos desalientos, la mamá que mantiene unos límites fuertes no siempre es la más popular. Aprender a fijarles límites a nuestros hijos varones significa que nos enfrentaremos a momentos de duda personal y a mucha oposición por parte de nuestros hijos, de sus amigos y hasta de los padres de los amigos que viven en tu misma calle. Y algunas veces, cuando una mamá actúa con fortaleza, lo que consigue es «la mirada». Ya sabes a qué me refiero. A esos ojos semicerrados por el odio que te miran desde el otro extremo de la mesa de la cocina, como diciéndote: *Eres la mamá más mala del mundo.*

Y, entonces, sucede. Te acabas de convertir oficialmente en la mamá que nunca ibas a ser. Antes que tuvieras hijos. En el pasado, cuando eras ingenua. En el pasado, cuando estabas segura de poder criar a un hijo varón en este mundo sin tener que ser tan «estricta».

No hay manera de crear unos límites que resulten para todos los niños. Cada uno es muy diferente. Repito, eso es lo que hace más difícil nuestro trabajo.

Para mí, una *regla* es un principio guía que no cambia. Son cosas como estas: *No juegues a la pelota en la calle. Nunca dejes la casa sin avisarle a alguien. No le abras la puerta a un desconocido. No cruces la calle sin mirar primero a los dos lados*. Niños pequeños, adolescentes o adultos, no importa. Las reglas deberían ser esas cosas que nunca van a cambiar.

Los límites son un animal distinto por completo. Un límite puede funcionar de diferentes formas dependiendo de la época de la vida. Puede ser como el muro de una prisión de tres metros de alto, con un alambre de púas electrificado encima y patrullado por guardianes. Otras veces, un límite es como una cuerda de resortes, unida con firmeza, pero con un poco de espacio para estirarse un poco más si la persona trata de hacerlo. Al final, a medida que maduren, se pueden ir quitando todos los límites.

Sin duda alguna, tenemos varias reglas en nuestra casa, pero a mí los límites me exigen más energía emocional y más oración. Casi todos los niños pueden comprender que las reglas los mantienen seguros. Sin embargo, no entienden los límites. Al final llegará el día en que tu hijo creerá que los límites sobre cualquier cosa fueron más allá de su utilidad.

La mamá con límites crea un lugar seguro para que crezcan sus hijos. Hay límites para su seguridad física, su salud emocional y, en general, la formación diaria de un buen carácter dentro de su corazón. Nosotras cuidamos de sus almas, protegiendo a los tiernos pequeñuelos que son y a las maravillosas personas adultas en las que tienen la capacidad de convertirse.

Aunque toda esta idea de los límites es una de las cosas más importantes que hacemos como mamás, en realidad el establecimiento de esos límites no es la parte más difícil. Su mantenimiento es lo que te lo puede arruinar todo. Es el día en que sientes ganas de salir huyendo de la casa, mientras le gritas a tu hijo: «¡Me rindo! Vive como te dé la gana. ¡Espero que esa cosa rebelde y vaga te funcione a ti!». Sin embargo, no salimos corriendo. Nos quedamos. Y sostenemos la cuerda de unos límites adecuados. No porque tratemos de ser las mamás más malas del mundo, sino porque los amamos más que a la vida misma.

Y esos días son terriblemente difíciles.

Cada vez que puedas, trata de mantener con gracia tus firmes límites. Ser una mamá de límites no significa volverse una mamá legalista, dedicada a hacer cumplir las reglas, cargada siempre con un libro de normas y siempre dispuesta a castigar. Espero, y oro por eso, que cuanto haga para proteger a mis hijos lo haga con gracia y compasión. Les hablo acerca de mis decisiones para ayudarlos a comprender mis razonamientos y el amor que hay en mi corazón. He estado enojada, pero no establezco ni hago cumplir unos límites nacidos de la ira. Y cada vez que puedo hacer que algún límite sea un poco divertido, siempre lo intento.

Sin embargo, siempre hay excepciones. Cuando le estableces límites a tu hijo, fijas algunos principios orientadores con el propósito de mantener segura a tu familia. Después que hagas esto, tienes que usar tu sentido común y la sabiduría que te ha dado Dios para discernir cuándo una situación cae dentro de la categoría de «excepciones a los límites». Suceden cosas, surgen situaciones, nuestros hijos varones cometen errores y sus mamás los cometen también. Algunas veces, nuestra ternura significa algo más que una línea rígida. Así que establece unos límites buenos y sabios, y hazlo con gran afecto. Mantente dispuesta a que Dios te cambie de dirección y sé razonable con tu hijo.

Entonces un día, llega la hora de mover ese límite. Los límites bien pensados los usamos para retener a nuestros hijos sin avanzar hacia donde no deben. Cuando llega el momento, vamos sacando poco a poco las líneas que trazamos con todo cuidado alrededor de su potencial. Desechas un límite cuando tu hijo ya tiene suficiente edad. El siguiente se mueve porque él ya tiene suficiente estatura. Otro lo empujas cuando él se vuelve más responsable. Al final, se borran todas las líneas y él tiene delante este inmenso mundo para que escoja.

No te sorprendas cuando pongan a prueba tus límites. Creo que los muchachos solo necesitan empujar esos límites de vez en cuando para asegurarse de que siguen en el mismo lugar. Y de veras creo que les da seguridad cuando ponen a prueba un límite y descubren que sigue firme en su mismo lugar. Yo les admito un par de intentos, como cuando mi hijo me hace la misma pregunta, pero de diferente forma. Lo dejo que me pregunte dos veces, tal vez tres, pero después de eso le indico con claridad que es necesario que acabe con todos esos intentos. *Cuando seas abogado y estés en un juicio, vas a ganar cuatrocientos dólares la hora por hacer esto. Sin embargo, tú no eres abogado. Tú eres mi hijo y estás a punto de dar un paso hacia la desobediencia.* No es malo que tu hijo ponga a prueba el límite y se encuentre con tu fortaleza.

A lo largo de los años, he hablado en una buena cantidad de reuniones de jovencitas adolescentes. Allí les digo: «Les voy a hablar de algunos de los límites que he creado alrededor de nuestro hogar, algunas de las cosas que estoy haciendo para proteger a mis hijos. Cuando termine, quiero que se vayan a sus casas, miren a los ojos de su mamá con amor y le digan con toda sinceridad: "Cuánto me alegro de que Ángela Thomas no sea mi madre"». Todas las jovencitas se ríen, pero he perdido la cuenta de las que se me han acercado después para decirme: «Ya quisiera yo que mi mamá hubiera sido como tú. Quisiera que hubiera sido más fuerte. Quisiera que me hubiera dicho que no, aunque yo hubiera tenido una rabieta y gritado como una bebé. Mi vida habría sido muy diferente si hubiera tenido unos límites firmes».

Entonces, están esas mamás que me deslizan un papel en mi mano que dice: «Yo no sé ser una mamá de límites. Por favor, ora por mí».

Las mamás son protectoras. Motivadas por el amor y cubiertas por la gracia, establecemos unos límites firmes y protectores porque vemos que nuestros hijos no los pueden fijar por su cuenta. Y si uno de esos días de cansancio tu hijo te lanza la mirada dedicada a *la mamá más mala del mundo*, ni te preocupes. Yo ya he sido la mamá mala una gran cantidad de veces y no he perdido jamás el sueño por eso.

Prefiero que estén seguros y protegidos, a caerles bien. Todo. El. Día.

18

Un hijo necesita que su mamá

Diga que no a las noches de póquer

Sean prudentes y manténganse atentos, porque su enemigo es el diablo, y él anda como un león rugiente, buscando a quien devorar.

1 Pedro 5:8, RVC

No tengo nada contra el juego de póquer. Es más, conozco a muchos hombres que lo disfrutan de verdad. Y todos esos hombres también apuestan, aunque sean unas cantidades pequeñas, mientras juegan. Sin embargo, son hombres maduros que están dispuestos a pagar literalmente por las consecuencias que se buscan. También son conscientes, espero, de las señales de que existe una adicción y de sus devastadores efectos.

Y ahora, acerca de mis hijos varones. Estoy segura por completo de que, mientras sigan estando aquí en el hogar conmigo, mis muchachos no necesitan ningún entrenamiento con los juegos de azar recibido de algún otro preadolescente o adolescente. Me parecen absurdas las lecciones sobre juegos de azar que dan en algunas escuelas primarias o secundarias. No obstante, un día de verano me sorprendió conocer la gran cantidad de padres que no están de acuerdo conmigo.

Creo que los niños tenían nueve y doce años respectivamente. Habían estado entrando y saliendo de la casa con sus amigos durante todo el día. Oí que un grupo de muchachos entraron y después todo se puso un poco más silencioso de la cuenta. Mientras iba a investigar, oí unos sonidos metálicos. *Tintín, tintín. Tintín, tintín, tintín.* No me podía imaginar qué podría estar haciendo ese tintineo. Entonces, le di vuelta a la esquina. Y he aquí que estaban desplegando y creando todo un casino en mi cuarto de estar.

—Oigan, muchachos —les pregunté con mi mejor tono no acusatorio—. ¿Qué está pasando?

—Vamos a aprender a jugar póquer —me dijo uno de los muchachos con la cara muy seria.

—¿Ah, sí? ¿Y de dónde sacaron ustedes todas esas cosas? —les pregunté.

—De mi papá —dijo un amigo de ellos como si fuera la cosa más normal del mundo, e hizo una pila de fichas.

Sospechando que tal vez solo fueran en realidad unos ladrones que sacaron a escondidas todo eso para jugar al póquer, le pregunté:

—¿Sabe tu papá que tú tienes todas sus fichas y sus cartas?

—Sí. Me dijo que las podía traer a la casa de ustedes para que todos pudiéramos aprender a jugar.

—¿Eso dijo?

Yo no estaba demasiado segura sobre lo que debía hacer en esa situación. El papá de aquel muchacho era una excelente persona. Estaba segura de que su hijo no lo había entendido bien.

—Bueno, muchachos, les voy a decir una cosa. Lamento desilusionarlos, pero ustedes no van a aprender a jugar al póquer hoy.

Ya te podrás imaginar cómo les cayó todo eso. En caso de que no te lo imagines, funcionó como un gran balón de plomo. Mis hijos actuaron como si estuvieran sorprendidos y me imagino que lo estaban. Nunca habíamos tenido una conversación acerca del póquer. Que ellos supieran, solo se trataba de un juego. Y solo es un juego. El que sea un juego no era la parte que me incomodaba. Eran las apuestas.

Así que llamé a aquel hombre, el cual, y me alegra decirlo, sigue siendo amigo nuestro hasta el día de hoy. Estaba segura de que su hijo no había entendido bien lo que él quería que hiciera. Sin embargo, no, nuestro amigo me aseguró que le dio permiso a su hijo para traer todas las cosas del póquer a nuestra casa.

—¿Pero qué tal el asunto de las apuestas? —le pregunté.

—En realidad, ellos no están apostando —me explicó él—. Solo están usando las fichas.

—¿Y acaso las fichas no representan cantidades diferentes? —le pregunté sin saber muy bien de lo que hablaba.

—Sí, pero ellos en realidad no están apostando. Solo están usando fichas y no dinero real.

Frustrada hasta por el hecho mismo de estar sosteniendo aquella conversación, le dije:

—Yo no sé mucho de esto, pero me parece que si las fichas representan diferentes cantidades de dinero, y toda la idea del póquer es hacer una apuesta basada en las cartas que uno tiene en la esperanza de ganar más de lo que uno pone, llámeme loca, pero me parece que es una forma de entrenar a los muchachos para que apuesten de verdad. O sea, que aquí estamos disciplinando a futuros jugadores de póquer.

Él no se portó altivo conmigo, pero se rio un poco y me aseguró que mi reacción era excesiva. Me dijo que no causaba daño alguno que los muchachos aprendieran a jugar al póquer. Yo le pregunté si podía venir a mi casa para ver a los muchachos y decirme cuántos podrían tener en el futuro una adicción a los juegos de azar y separarlos de los que no la llegarían a tener.

Mi amigo y yo estuvimos de acuerdo en no estar de acuerdo ese día. Las fichas volvieron al lugar de donde vinieron. Y yo les hablé a mis hijos varones acerca del póquer, de las apuestas y de la razón por la que algunas cosas podrían ser inofensivas en el futuro, pero ahora no. Y es probable que dijera algo como aquello de que es mejor prevenir que tener que lamentar. Y también estoy segura de que dije algo acerca de cómo dos conjuntos de padres buenos pueden estar creyendo cosas diferentes en cuanto a sus hijos. No obstante, yo tenía que escuchar a Dios cuando Él me guiara *a mí*.

A través de los años, nunca esperamos en realidad que los valores de nuestra crianza se alinearan con los valores de la cultura actual. No soy una legalista empedernida, ni una mojigata, pero con todo, lo más común es que estemos más alejados que alineados. Aun así, necesito decir que me sorprende a menudo el número de veces que nuestras decisiones en la formación de los muchachos no se alinean con las decisiones de otras respetables familias cristianas.

Mi intención con nuestros límites es proteger a nuestros hijos. La internet. Los videojuegos. Los teléfonos celulares. La televisión. Las películas. Los privilegios para conducir. Los primeros empleos. Hay muchas opiniones divergentes en cuanto a la forma de ir guiando a nuestros hijos alrededor de todas las posibles minas de tierra. Hasta las familias cristianas muchas veces están de acuerdo en no estar de acuerdo. Como mamá cristiana, he aprendido que necesito escuchar la voz del Espíritu Santo. La forma en que Dios me guía con mi hijo varón puede ser distinta por completo a la forma en que mi amiga cristiana guíe al suyo.

Con todo, Dios conoce a mi hijo mejor de lo que yo lo habría podido conocer jamás.

Dios conoce cada fibra del ADN de mi hijo, de la misma forma que conoce el número de cabellos que tiene en la cabeza. Dios sabe cuáles son los dones que le dio. Las limitaciones que puede tener. Dios conoce las luchas secretas de mi hijo, los sueños que nunca ha expresado y la mejor forma de prepararlo para su futuro.

Una de las cosas que estos años me han enseñado es a ser respetuosa con las diferentes formas en que nos guía Dios. Dos personas pueden estudiar la misma Biblia y creer en el mismo Dios, pero tomar decisiones diferentes en cuanto a la crianza de sus hijos con respecto a los mismos límites. En muchos aspectos, la Biblia habla claro y es difícil malentenderla. Sin embargo, en otros aspectos, el Espíritu Santo nos tiene que guiar en cuanto a su aplicación. Yo he sido más rigurosa acerca de nuestras directrices con respecto a la televisión, las películas y la internet, y he esperado más que muchas de mis amigas cristianas para aflojar en algo esos límites. Eso se debe a que debo responder ante Dios por cómo cuidé a los que Él me confió.

Algunas veces, los padres me dan las gracias por mantenerme firme con respecto a algún aspecto en el que han estado batallando. Otras veces, les pido a otros padres que me digan su decisión y por qué la tomaron para sus hijos, de modo que yo pueda saber mejor cómo guiar a los míos.

En cambio, lo más importante para cada una de nosotras es buscar la voluntad de Dios para nuestros límites. Y ser obedientes para guiar a nuestro hijo varón según Dios nos guía a nosotras.

19

Un hijo necesita que su mamá

Le enseñe a tratar a las mujeres

El que es bondadoso se beneficia a sí mismo;
el que es cruel, a sí mismo se perjudica.

Proverbios 11:17, NVI®

Hace un par de meses, publiqué esta pregunta en Facebook: «¿Qué piensas que nuestros hijos varones necesitan recibir de su mamá?». Tenía la esperanza de recibir unos comentarios que confirmaran, negaran o ampliaran las notas que hacía para el proyecto de este libro. Sin saber qué esperar, consideré que cincuenta comentarios fueran una respuesta muy abundante. Ya te podrás imaginar mi asombro cuando el contador de los comentarios pasó de los seiscientos. Esas amistades mías de Facebook, con toda bondad, y muchas veces de una forma apasionada, se tomaron el tiempo para escribir lo que pensaban que necesitaban sus hijos varones. Les sigo estando increíblemente agradecida.

Esos seiscientos comentarios se convirtieron en veinticuatro páginas impresas para leerlas yo. Todo el tiempo que las estuve leyendo, sonreía, asentía y me reía a carcajadas. Muchos de los comentarios confirmaban y subrayaban lo mismo que creía yo. Lo que no esperaba era el número de las que me respondieron de estas maneras:

Las mamás necesitan enseñarles a sus hijos varones...

Honrar a las mujeres
Respetar a las mujeres
Cuidar de las mujeres
Ser caballeros y tratar a las mujeres como damas
Cómo tratar a su esposa
su futura novia
una novia
las mujeres en general
al sexo femenino

Y así seguía y seguía la lista. Mi esposo leyó todos esos comentarios y dijo: «Se supone que sea un hombre el que les enseñe a hacer todo eso». Una amiga mía dijo: «Se supone que sea el papá el que les enseñe eso a sus hijos». Estoy totalmente de acuerdo con mi esposo y con mi amiga: Los hombres se lo deberían enseñar a sus hijos varones, y a los amigos y compañeros de equipo de sus hijos varones en los hogares, las iglesias, las escuelas y los clubes de todo el país. Aun así, nuestros comentarios en Facebook sugieren que la necesidad sigue siendo grande. Cuando a un hombre no le enseñaron a tratar a las mujeres, las consecuencias pueden ser devastadoras.

Aunque una mamá no puede sustituir a un hombre en la vida de su hijo varón, nosotras sí debemos hacer todo lo que podamos por enseñarle a tratar bien a las mujeres. Las mujeres de cualquier edad, posición socioeconómica, procedencia étnica y credo. Enséñale que toda mujer lleva de una manera hermosa la imagen de Dios. Como portadora de su imagen, se debe tratar con responsabilidad y respeto.

Hace dos noches, me ofrecí para ayudar en un acto de los institutos de nuestra ciudad. Yo era la que saludaba a los estudiantes y los ayudaba cuando se iban a inscribir a mi mesa. Conocía algunos de los chicos de nuestra escuela, pero no en su mayoría. Desde el principio, mi amor y mi ministerio hacia los estudiantes comenzaron a funcionar. Me divertí mucho saludándolos a todos y trabajando de una manera especialmente dedicada a hacer que sonrieran las chicas tímidas y a tener un poco de conversación con los fornidos atletas. Mi noche de voluntaria iba funcionando bien y me sentía muy segura estableciendo conexiones con los chicos.

Después de un par de horas, entraron tres altos jugadores de baloncesto. Les dije: «Hola, muchachos, me alegra verlos aquí». Ni uno solo me miró. Suponiendo que no me escucharon, me les acerqué un poco y lo intenté de nuevo: «Hola, muchachos, qué bueno verlos. Firmen aquí y entren». De nuevo, los muchachos no me hicieron caso. Ni siquiera asintieron con la cabeza. Ni pestañearon. Nada. Nada.

Entonces, ¿por qué? ¿Por qué hice lo que hice después? No lo sé. Me imagino que dos horas en las que centenares de estudiantes del instituto respondían a mi saludo me hicieron pensar que debía intentar de nuevo con aquellos tres pesos completos. Así que me llegué a donde estaban firmando y dije como una tonta: «¿Eres alumno del penúltimo año? Vaya.

Mi hija también. ¿A qué escuela vas?». Los tres muchachos no levantaron la mirada ni tampoco me miraron de soslayo. Ni siquiera se miraron entre sí como si hubiera trinado un pájaro. Ni siquiera me concedieron un bostezo. N.A.D.A. No conseguí nada de ellos y, por lo que me parece, esas eran exactamente sus intenciones. Me querían comunicar que yo no era nada.

Al parecer, soy un poco lenta para entender las cosas. Después que me di cuenta de que los muchachos actuaban de manera deliberada, se puso en funciones toda mi personalidad de mamá y pensé: *Sus mamás se habrían vuelto locas si los hubieran visto actuar así. Se deberían sentir avergonzados. Ustedes tres no tienen el aspecto de ser huérfanos extraviados que no saben hacer mejor las cosas. Si andan con esa ropa tan buena y tan limpia, de seguro que tienen en casa alguien que les enseñó mejor.*

Esto te puedo decir. Yo podría oír que una vez mi hijo trató del mismo modo a otra mujer. Si jugaba baloncesto, más le valdría que su último juego fuera bueno porque es posible que no volviera a ver la cancha por un largo tiempo.

Las madres, mientras aún los tenemos con nosotras y mientras aún tenemos autoridad para que tengan que pagar unas consecuencias significativas, nos tenemos que dedicar a enseñarles a nuestros hijos varones. Sí, sería maravilloso que fuera un hombre el que les enseñara, pero a nosotras nos toca hacer nuestra parte. No nos podemos quedar sentadas esperando y retorciéndonos las manos.

Mientras tu hijo sea joven aún, comienza usando los momentos de todos los días como lecciones. Haz que tus instrucciones a lo largo de los años sean deliberadas y repetitivas, a fin de ir tejiendo hilos de carácter en todas las clases de conversaciones. *Un día serás un hombre adulto, tal vez seas esposo de alguien y quizá también padre. Quiero que comprendas cómo actúan los grandes hombres.*

Un gran hombre **hace** ____________ *porque* ____________.
Un gran hombre **actúa** ____________ *porque* ____________.
Un gran hombre **dice** ____________ *porque* ____________.
Un gran hombre **ama** ____________ *porque* ____________.

Los niños pequeños pueden aprender a responder con respeto cuando se les habla. Se les puede enseñar a mantener abierta la puerta para que pase una dama. Recoger el papel que se le cayó a la dama. Ir a buscar su abrigo. Una bondad básica expresada con respeto mediante actos serviciales. Dile: *Un gran hombre reconoce a una mujer con palabras y acciones respetuosas.*

Dile a tu diligente hijo adolescente que se afana en medio de su tarea con la lavadora de platos: *Los grandes hombres descargan el lavaplatos porque forman un equipo con sus esposas. Juntos cuidan de su hogar.*

Nunca permitas que tu hijo te hable con faltas de respeto. *Un gran hombre nunca le habla de esa forma a una mujer. Aunque no esté de acuerdo con ella, escoge palabras respetuosas y un tono de voz racional.*

Enseñarles a nuestros hijos a respetar a las mujeres es algo que comprende tanto su actitud interior como su expresión externa. Entonces, a medida que tu hijo vaya creciendo, ¿te podría exhortar a ti, que eres su mamá, a preocuparte en primer lugar por su corazón? Van a cometer errores y olvidar lo que les hemos dicho, pero si es buena la actitud de su corazón, la expresión externa terminará siguiéndola.

Decidí no mirar los nombres que firmaron mis muchachos de baloncesto la otra noche. No los quise saber. No obstante, uno tenía una chaqueta de su escuela, así que le mandé un correo electrónico a su entrenador. Le dije que no sabía cuáles eran los nombres de sus jugadores porque no quería saberlos. Después le relaté lo que nos sucedió en la mesa. No cometieron ningún delito. No quebrantaron ninguna regla. No se comportaron mal, ni violaron ninguna norma como estudiantes. Ni siquiera creo que pudiera reconocer a esos estudiantes si los volviera a ver.

Le escribí para decirle que tenía la esperanza de que un día tuviera la oportunidad de hablarles al corazón de sus jugadores acerca de las mujeres. No por mí; yo estoy bien. Por sus madres. Sus hermanas. Sus novias. Sus futuras esposas. Pensaba que tal vez esos muchachos que no fueron capaces de escuchar mi saludo pudieran responder a la voz de su entrenador.

Por la velocidad con que me contestó el entrenador con otro correo electrónico diría que quizá fuera a haber alguna clase de nuevo entrenamiento. Les deseo a todos esos muchachos que terminen jugando para la Asociación Nacional de Baloncesto. Que todos se conviertan en mejores jugadores que LeBron. Y cuando la revista *Sports Illustrated* saque un artículo principal acerca de ellos, espero que el mundo entero se maraville al leer acerca de esos tres grandes jugadores que también se convirtieron en grandes hombres.

20

Un hijo necesita que su mamá

Le enseñe a tratar a su hermana

Sobre todo, vístanse de amor, lo cual nos une
a todos en perfecta armonía.

Colosenses 3:14, NTV

Tengo dos hermanos menores, Craig y JT. Crecimos en la misma casa e hicimos las cosas de una misma familia, pero por alguna razón, no nos dimos cuenta hasta más tarde de que podíamos haber sido amigos todo ese tiempo. No éramos enemigos, ni nos portábamos mal entre nosotros. Era más bien como que cada uno hacía sus propias cosas. Ahora que ya somos adultos, nos hemos convertido en grandes amigos que disfrutan la compañía mutua. Nos encanta reunirnos y los amo mucho.

Después que me fui a la universidad, comencé a encontrarme con familias en las que los hermanos no solo vivían en la misma casa y se amaban, sino que también fueron amigos durante sus primeros años de vida. Esa nueva relación me hizo sentir algo triste. Yo habría podido ser más cercana a mis hermanos mucho antes.

Antes que nacieran mis hijos, comencé a orar para que se hicieran amigos lo más temprano posible. Cuando nació mi cuarta bebé, AnnaGrace, estaba fuera de mí misma por el gozo que sentía. Aunque se llevaban siete años, Taylor, mi hija mayor, por fin tendría la hermana que siempre quise que tuviera. El pequeño William, en cambio, no sentía ese mismo gozo. Tenía dos años más de edad que su hermanita y nunca se portó mal con ella. Supongo que la mejor manera de describirlo sería «solícito». *William, ¿me puedes alcanzar el juguete de tu hermana? Cariño, corre a buscar un pañal para tu hermana. William, ven rápido y mira: ¡AnnaGrace está sonriendo! ¿Verdad que es encantadora?* Siempre me complacía, pero no manifestaba entusiasmo.

Lo interesante del caso es que William era un niño feliz cuando nació. De veras, ese niño se ha abierto paso en la vida sonriendo. Sin embargo, después que nació AnnaGrace, su personalidad de bebé mayor borraba al instante la sonrisa de su rostro en presencia de ella. Si el asiento de la niña se hallaba en la fila del medio del minibús, él quería ir en la tercera fila detrás de ella. Algunas veces me preguntaba antes del desayuno: «¿Qué desayunó AnnaGrace?». Si le decía que escogió un cereal azucarado, él escogía el cereal alto en fibra que parecía hecho de corteza de árbol. William no hacía nada de manera abierta, pero era evidente desde el principio que no tenía intención alguna de convertirse en amigo de su hermanita.

Así que hice lo que habría hecho cualquier mamá. Oré con mayor fervor.

Le comencé a pedir al Señor que me enseñara. No podía encontrar en mi niñez nada que me ayudara en esta situación. ¿Cómo se le enseña a un hijo varón a amar y respetar a su hermana? ¿Cómo hace una mamá para comenzar a cultivar la amistad entre sus hijos? Si algo sé acerca de la amistad, es que no se puede obligar a nadie a ser amigo de nadie. Los amigos se escogen entre sí con toda libertad, sin presiones. Tal vez les podría enseñar a vivir en paz bajo el mismo techo, pero quería más para mis hijos. Quería una amistad.

Ser la mamá de hermanos y hermanas se vuelve algunos días una complicada danza. Un día, una solo mantiene una apariencia de calma. Otros días, brota una de esas semillas que una ha sembrado como si fuera un diente de león que saliera entre las grietas de la acera.

Muchas veces, mis conversaciones con los muchachos acerca de sus hermanas eran intentos por explicarles las cosas. Quería que supieran que las niñas son diferentes, sin darles la impresión de que tuvieran carencia de algo ni algún tipo de defecto.

Necesito que comprendan que Dios hizo diferentes sus corazones. A veces, los varones se pueden decir cosas tontas entre sí un minuto y actuar al minuto siguiente como los mejores amigos del mundo. Dios le dio a su hermana, y a todas las niñas, una clase distinta de corazón. Las palabras tontas la hieren durante más tiempo. Su mente sigue recordando lo que uno les ha dicho. Hasta es posible que comiencen a creer que son ciertas las palabras descuidadas que les dice uno.

Tan pronto como lo pudieron comprender, les hablé a los niños acerca de los ciclos menstruales.

Cuando Dios creó a las niñas, hizo en sus cuerpos un lugar donde se crean y crecen los bebés. Cada mes, las niñas sangran un poco durante unos días. No es nada de cuidado. Esa es la forma en que Dios prepara su cuerpo para que se conviertan un día en mamás. Durante esos días, algunas veces se pueden sentir un poco agotadas o tener dolor de cabeza, pero eso es muy normal. Es una honra saber que un día se pueden convertir en mamás. Ningún varón debe hacer bromas nunca acerca de la forma en que el cuerpo de una niña se va preparando para la maternidad.

Si los niños no podían llegar a comprender y resolver las cosas con sus hermanas, les daba una regla básica. En medio de su frustración, les decía:

Ustedes se podrán enojar con su hermana, pero sin pecar. Eso quiere decir que es posible que los haga enojarse. Los puede desilusionar. Ustedes dos pueden llegar a estar en total desacuerdo. Aun así, pase lo que pase, no lleguen a pecar. No mientan. No le griten apodos. No le den golpes. No le hagan emboscadas ni le pongan trampas. No murmuren acerca de ella. Si necesitan irse a su cuarto para estar solos, no hay ningún problema. Si quieren hablar conmigo, estupendo. En cambio, no pequen.

Como te dije, quiero que mis varones tengan una relación con sus hermanas que vaya más allá de limitarse a vivir en paz bajo el mismo techo. He sembrado y seguiré sembrando las semillas que le pido a Dios que germinen para convertirse en amistades para toda la vida. Cosas como estas...

Tener intereses en común. Mis niños y mis niñas siempre tenían diferentes intereses en mente, pero yo he tratado de hallar oportunidades para que los cuatro se puedan mantener al mismo nivel. El juego de cartas llamado UNO fue una de ellas. Es un juego que exige un poco de habilidad, pero lo que hace falta casi siempre es tener mucha suerte. Un año tuvimos durante meses a AnnaGrace como la campeona familiar por derecho propio. Así, la bebé estaba haciendo algo que los niños podían respetar.

Tener luchas en común. Mucho antes de ser mamá, leí un artículo acerca de «las familias que triunfan». Los investigadores estuvieron buscando los puntos comunes en las familias más excelentes. Creo que participaron en su investigación unas doscientas familias de todo el país.

Lo único que tenían en común esas doscientas «familias triunfadoras» era que salían de acampada. Más que todo eso de las tiendas de campaña y los sacos de dormir, las acampadas les dieron a esas familias la oportunidad de comunicarse sus luchas y sus victorias. El tiempo en que por fin lograron encender una fogata en medio de la lluvia. La tienda de campaña que tuvieron que montar en la oscuridad.

Por mucho que lo hubiera querido, lo cierto es que esta mamá soltera nunca convirtió a nuestra familia en un grupo de campistas. No obstante, trataba de incorporar de manera deliberada ese principio a nuestra vida. Cuando viajaba para dar alguna conferencia, muchas veces solo estábamos mis hijos y yo en el auto. Organizábamos las cosas, las desmontábamos, tirábamos de nuestras cajas y regresábamos en el auto a casa. Eran unas luchas y unas victorias que eran *nuestras*. No eran acampadas, pero las hacíamos juntos.

Tener afectos en común. Tanto como yo pudiera, todo lo que tenía que ver con los niños se dividía en cuatro partes iguales. Quería que comprendieran que en el planeta no había otros cuatro niños a quienes amara más que a los míos. Y a cada uno lo amaba de igual manera. El gran amor que tenía por cada uno de ellos hacía importante que también cada uno se sintiera equitativamente visto y oído. A los niños los tenía que arrastrar también al departamento de jovencitas, y allí esperar con paciencia. Las niñas, en cambio, tenían que observar mientras los niños se probaban los zapatos de fútbol. El tiempo de su crecimiento fue un ir de un lado para otro que les traté de presentar como una forma de «compartir de manera equitativa».

Tener risas en común. El día que el estoico corazón de William comenzó a ceder, fue cuando se dio cuenta de que podía hacer reír a AnnaGrace. Su risa le hacía sentir gozo. Y el gozo es capaz de arreglarlo casi todo. Ahora tiene dieciocho años, y a mí me da la impresión de que ese muchacho todavía hoy se levanta cada mañana preguntándose: *¿Cómo voy a hacer reír a AnnaGrace hoy?*

Cuando un muchacho tiene una hermana, Dios le da el potencial de tener una bendición para toda la vida. Nosotras, sus mamás, necesitamos ir más allá de obligarlos a llevarse bien. Vamos a prepararlos para que entablen amistad.

21

Un hijo necesita que su mamá

Le enseñe cómo tratar a su esposa

Esposos, amen a sus esposas, así como Cristo amó a la iglesia y se entregó por ella.

Efesios 5:25, NVI®

Este tema me hace sentir un nudo en la garganta. Ya conoces mi historia. Casada. Divorciada. Mamá soltera. Todo lo que pude escribir fue el título antes de comenzar a llorar. Así que oré: *Señor, te ruego que vengas a esta habitación y me ayudes a mantenerme serena. Necesito terminar de escribir esto. ¿Le puedes poner palabras a mi emoción? ¿Puedes sacar algo poderoso de todo lo que se rompió? No va a servir para nada que todo lo que pueda hacer sea llorar ante mi historia. Tú eres mi Redentor. Señor, úsame.*

Vacilé. Comencé y me detuve. Lloré un poco y después un poco más. Tengo dentro de mí toda una montaña rusa de emociones porque conozco ambos lados.

Conozco el dolor y el quebrantamiento.

Y hoy, humilde ante la gracia de un gozo sin par, sé lo que es que un esposo ame bien a su esposa.

Sin embargo, aquí solo tenemos unas pocas páginas. Estoy segura de que se han escrito libros enteros sobre la forma de preparar a los muchachos para que se conviertan en hombres que sepan amar a su esposa. En un esfuerzo por hacerle justicia a este tema, decidí escribirles una carta a mis hijos varones. Como tú, he tratado de enseñarlos bien. Aun así, esta cosa es demasiado importante para dejarla a lo que les quede en la memoria. Solo por si acaso les falta algún aspecto, quiero que tengan en sus manos el núcleo de lo que les enseñé.

Cuando llegue el momento adecuado, tengo la intención de añadirle a estos unos cuantos párrafos más y deslizar esta carta en las manos de mi hijo la noche antes de su boda.

En este mundo tan lleno de prisas, tengo la esperanza de que haya algún día tranquilo para que te puedas sentar también a escribirle una carta a tu hijo. Y cuando llegue la noche antes de la boda, con unas palabras que tal vez no me salgan bien, es posible que le diga:

Bueno, bebé, aquí estamos. Mañana es el gran momento. Desde el día que naciste, mamá ha estado tratando de mostrarte las cosas, de enseñarte y de guiarte. Ahora podemos ver que todo nos ha estado llevando hasta aquí. Cariño, te amo mucho. Tengo el corazón lleno. Me siento orgullosa. Me siento agradecida. Es una honra que Dios me escogiera para criarte. Y. Vaya. Bueno, solo quería darte esto esta noche... Es lo que te he estado tratando de decir durante todos estos años.

Mi carta comienza así:

Querido hijo:

Durante largo tiempo me he preguntado de qué manera ibas a aprender a amar a una esposa. ¿Acaso los muchachos no necesitan ver en acción el amor de un esposo? ¿No deberían vivir en una casa donde haya amor a fin de que vean cómo es ese amor?

Añoraba lo que tú no tenías y no te podía proporcionar. La historia de nuestra familia estaba tan rota que temía que tú también terminaras roto. Los cinco íbamos adelante cojeando, tratando de hacer las cosas lo mejor posible. Una pequeña familia improvisada común y corriente dirigida por una mamá soltera. Tú sabes que entonces no teníamos gran cosa, pero hay algo que espero que nunca olvides. Cuando parecía que no teníamos nada, todavía teníamos las cosas más importantes. Nuestra desaliñada familia le pertenecía a Jesús.

Y los años fueron pasando: Solo nosotros y Jesús.

Entonces, un día, en el cielo se pronunciaron solo dos palabras santas. La autoridad de esas palabras sacudió nuestro mundo y desde entonces nada ha vuelto a ser como antes.

Desde el cielo, Jesús proclamó sobre nosotros... *Pero Dios.*

> Pero Dios, que es rico en misericordia, por su gran amor por nosotros, nos dio vida con Cristo, aun cuando estábamos muertos en pecados. ¡Por gracia ustedes han sido salvados! Y en unión con Cristo Jesús, Dios nos resucitó y nos hizo sentar con él en las regiones celestiales, para mostrar en los tiempos venideros la

incomparable riqueza de su gracia, que por su bondad derramó sobre nosotros en Cristo Jesús (Efesios 2:4-7, NVI®).

Gracias a Jesús, y a su misericordia y a las incomparables riquezas de su gracia, nuestra pequeña familia no tenía un esposo, *pero Dios* envió a Scott Pharr para que nos amara a todos. Bendigo a Dios por enviar a Scott para mostrarles a mis hijos varones cómo se supone que un esposo ame a su esposa. Después de siete años de ser la esposa de Scott, te puedo decir que él camina en sabiduría y gracia. Sería muy bueno que tú siguieras su ejemplo.

De Scott he aprendido que estas son algunas de las formas en que un gran esposo ama a su esposa:

Levántate cada día y pídele a Dios que sea tu gozo. No puedo ni siquiera describirte por completo la bendición que es estar casada con un hombre feliz.

Comienza con el hermoso amor que tienes y reaviva ese amor con tanta frecuencia como te sea posible. Háblale de tu amor. Vuélvela a llevar a los lugares en los que te enamoraste.

Dale la gracia que te ha dado Dios a ti. Tan a menudo como la hayas recibido.

Ora con ella y ora por ella. Estudien juntos la Biblia.

Ayúdala en las cosas pequeñas. Ustedes dos pertenecen al mismo equipo. Saca la basura y las cosas de la lavadora de platos, y dobla las toallas secas.

Apréndete cuáles son sus cosas favoritas y recuérdalas con frecuencia.

Mírala de la manera en que mira un hombre que ama a una mujer. Nunca dejes de hacerlo.

Adquiere cuanto antes una mala memoria. Olvídate de recordarle a tu esposa todas las cosas que hizo mal.

Cuando llore, no te vayas. Acércate.

Siéntete ansioso por hablar con ella al final del día. Habla primero con ella en detalle antes de tomar tus decisiones. Guarda parte de tu experiencia para contársela solo a ella.

Sé su protector de cuerpo y alma.

Escúchala. Cuando sientas que la quieres interrumpir con una respuesta a sus luchas, aprende a hacerle una pregunta en lugar de darle esa respuesta.

Trabaja con sus extravagancias como si no importaran. Si deja abiertas las puertas de los armarios, conviértete en un cerrador de puertas. Si aprieta el tubo de pasta dentífrica por el medio, decide que así te gusta a ti. Si organiza por colores tu lado del armario, dale las gracias. Mantén pequeñas las cosas pequeñas.

Hazla reír en algún momento del día todos los días. Y si alguna vez notas que deja de reír, trabaja y trabaja, escudriña y escudriña, hasta que encuentres de nuevo su risa.

Disfruta con ella tantas cosas como puedas. La mejor estrategia del matrimonio es cuando los dos deciden siempre «hacer doble trabajo y hacer juntos las cosas». El viejo dicho de «divide y vencerás» es la estrategia para la guerra.

Sé su mayor fanático. Aclámala con locura desde la primera fila.

En las desilusiones y las derrotas, siente su tristeza y recuérdale la esperanza que tenemos en Cristo.

Hermoso hijo mío, con todo mi corazón oro por estas dos cosas. Que siempre seas un humilde y apasionado seguidor de Jesucristo. Y que sin importar las bendiciones que traigan consigo tu profesión, siempre la mayor sea tu reputación como esposo y como padre. Sé un hombre que ame a su esposa y a su familia como Cristo amó y se sacrificó por su Iglesia.

Por la gracia de Dios, tú puedes hacer todo esto. Ámarla bien. Mi gozo será ver cómo resplandeces.

Te ama mucho,
Mamá

22

Un hijo necesita que su mamá

Le ayude a reconocer las que se casan

Pero yo y mi casa, serviremos al Señor.

Josué 24:15

En este punto del libro, me siento segura de que hay algo que ves con claridad: No estás leyendo los ensayos de una experta. Solo soy una mamá que trata de hacer las cosas lo mejor posible. Pensé que sería bueno hacer un poco de investigación acerca de este tema y decidí que la investigación que hiciera no tendría importancia. Así que supongamos que el hijo que estás criando pueda llegar a escoger esposa un día. Y supongamos también que después de vivir en tu casa durante dieciocho o veintitantos años, tú vayas a seguir siendo una de las influencias más poderosas en sus decisiones. Como ya te dije, no he estudiado la psicología de esto, ni tengo ninguna estadística. Tal vez nos estemos arriesgando.

Sin embargo, creo que es una suposición bastante decente.

Buena o mala. Sabia o necia. Generosa o mezquina. La mujer que tú eres lo va a guiar. Si esperamos que nuestro hijo encuentre la mujer «de las que se casan», ¿no sería mucho más fácil si ya hubiera visto en ti que también eres «de las que se casan»?

Aunque tu hijo no haya nacido aún, hay algo que ya puedes comenzar a hacer hoy mismo. Puedes comenzar a orar de manera habitual por su esposa. Y después, orar por ti misma. Pídele a Dios que fortalezca tu carácter y cure tus heridas. Pídele que te enseñe a vivir como nos enseñó Jesús.

Aquí mismo es donde voy a detenerme por un segundo. Tal vez nada de este mundo te motivara en realidad jamás a cambiar o a crecer. Ni tus padres. Ni tus títulos. Ni el dinero. Ni la fama. Ni siquiera un hombre.

Lo cierto es que sientes a Dios tan alejado de ti en estos momentos que Él tampoco basta para motivarte.

¿Te puedo pedir algo?

Primero, en cambio, si te sientes como si nada tuviera el poder suficiente para motivarte nunca más, quiero que sepas que no estás sola. La mayoría de las personas con las que me encuentro, y aquí estoy yo también, ha recibido una buena paliza de parte de este mundo. La realidad es que casi todos nosotros estamos cansados de tanto intentar las cosas para fallar después. Sin el consuelo y el cambio renovador que nos da Jesús, a muy pocos les quedaría algo que dar. Entonces, ¿qué estarías dispuesta a hacer si pensaras que bendecirías más así la vida de tu hijo? Si te queda dentro de tu cansado corazón una chispa de motivación, me imagino que esa llamita podría venir de tus hijos. Hacemos por ellos cosas que ninguna otra cosa en la tierra nos podría obligar a hacer.

Espero con todo el corazón que tu amor por tu hijo te mueva hacia Dios y decidas que es hora de que te conviertas en la mujer que Dios quería que fueras cuando te creó. Una mujer guiada por Él a crear un hogar y una atmósfera que brote hermosamente de tu caminar con Él.

Algunas veces aprendemos por lo que se nos dijo o por las notas que tomamos, pero con mayor frecuencia aprendemos por la vista, los sonidos, el tacto, el olfato... Nuestros hijos no son distintos. El hogar que estamos creando, las mujeres que somos ahora mismo, eso es lo que les parecerá un hogar normal. Nuestra forma de hablar. Lo que nos ven hacer. Cuándo nos reímos y cuándo no. El aroma de la hospitalidad. La presencia de la paz. La búsqueda del gozo.

A ti y a mí se nos confió el honor de construir una vida diaria normal para esos muchachos. Si cuando crezca no tiene que superar lo que para él le resulta normal, ni romper con su ambiente normal, ni derrotar a los demonios de su ambiente normal, esta vida diaria a la que le des forma se convertirá en un regalo para él. Será inconsciente por completo de lo que le sucede, pero la vida que lleva irá trazando en silencio un mapa en su alma. Y por la gracia de Dios, ese mapa se convertirá en una guía en la que podrá confiar. Dirigirá sus decisiones. Moverá su corazón.

Por lo general, nuestros hijos van a escoger de manera instintiva a una mujer que sea de «las que se casan», basados en lo que siente que es normal. Estemos dispuestas a cambiar si queremos que nuestra influencia los guíe bien.

Quiero que a mi hijo le resulte normal sentir la presencia de Dios, así que vivo de una manera tal que le doy a Dios la bienvenida a nuestro hogar. Oro para que él busque el corazón de Dios con todas sus fuerzas, en parte porque ha crecido en su presencia.

Normal significa Biblias abiertas. Peticiones de oración. Se va a la iglesia. Se notan los dones de Dios.

Normal significa que en nuestro hogar estamos a salvo. Aquí nadie ataca a nadie. Nadie tiene que fingir, ni se tiene que arreglar, ni tiene que andarse con pies de plomo. El hogar está lleno de paz y de aceptación, y es el lugar más seguro donde se puede estar.

Normal es la puerta de entrada abierta siempre. Cuando la gente llega a nuestro hogar, la aceptamos. Tal vez venga por vez primera a cenar, pero tenemos la esperanza de que quiera volver en busca de amor. Compartimos lo que tenemos porque es la mejor manera de multiplicar nuestro gozo.

En nuestro hogar hay muchas sonrisas. Y pasan cosas absurdas. Una sonrisa desde el otro lado de la habitación puede llevar una gran cantidad de esperanza a un corazón cargado. Y un poco de danza tampoco hace daño nunca.

Hay muchos sonidos en nuestra vida normal, pero hay uno que es el más reconocido por su ausencia. No hay gritos ni puertas cerradas de golpe. Nuestros ruidos son diferentes.

Cuando oro para que mis hijos varones conozcan a «las que se casan», pido que ella traiga consigo su personalidad, su creatividad y sus extravagancias, pero que con ella mi hijo sea capaz de decirse: *Me hace sentir como en mi casa.*

Cuando tenga más edad y llegue el momento, es probable que le diga algunas de las demás cosas, como...

Jesús es el único que puede salvar. Tú necesitas un Salvador. Tú no puedes ser el Salvador de ella. Ella necesita a Jesús antes de poderte amar bien.

Escoge una que sea tan parecida a ti en las cosas esenciales, como sea posible. Cuando los polos opuestos se atraen, terminará habiendo una colisión.

Tú nunca harás feliz a tu esposa. Jamás. Antes de conocerte, ya habrá escogido o rechazado la felicidad. El don del matrimonio es la oportunidad para aumentar su felicidad.

Si no te hace reír, no es la joven que Dios tiene para ti.

Si quieres correr un kilómetro y medio en seis minutos, muy bien, pero no pongas sobre ella esas mismas clases de expectativas. Algunas cosas son metas personales y necesitas que lo sigan siendo. ¿Preferirías tener una corredora veloz o un corazón contento? Préstales atención a tus prioridades.

Que yo sepa, ninguno de mis hijos se va a casar pronto. Así que lo mejor que puedo hacer aquí es prestarle atención a Dios, pidiéndole que cree una hermosa clase de normalidad en nuestro hogar. Pidiéndole que me transforme a mí. Orando para que por medio de nosotras, o a pesar de nosotras, por la gracia de Dios nuestros hijos varones reconozcan a las que son de «las que se casan».

23

Un hijo necesita que su mamá

Le enseñe que los hombres fuertes son compasivos

Sean bondadosos y compasivos unos con otros, y perdónense mutuamente, así como Dios los perdonó a ustedes en Cristo.

Efesios 4:32, NVI®

No estoy segura de que mi padre se dé cuenta siquiera del regalo que nos hizo a mis hermanos y a mí. Por una parte, ese regalo es una forma de compasión. Por la otra, es la lentitud para la ira. Papá nunca se sentó a darnos una lección. Nos enseñaba al entretejer ese regalo en nuestras vidas diarias. Hasta el día de hoy, una interacción podría ser algo como esto:

Digamos que voy en el auto con mi papá. Vamos muy bien hasta que otro hombre se mete en nuestro carril sin mirar siquiera. Nosotros nos vemos forzados a evadir al conductor descuidado y yo grito: «Papá, ¿viste ese hombre? Me dio un susto de muerte. Habría podido chocar con nuestro auto o causado un accidente. Tienes que tocarle la bocina».

«No, Ángela», me diría mi papá. «Ese hombre iba distraído, ¿no es cierto? Pobre tipo. Al parecer, es tan viejo como yo. ¡Y también se quedó calvo! Nunca se sabe lo que tiene en la mente esta mañana. Tal vez su esposa le gritara antes de salir de su casa. O su perro le gruñó. O a lo mejor tenga alguna cuenta que no puede pagar. Sin embargo, lo que sí es seguro es que no estaba atento mientras conducía, ¿verdad? Nadie sabe la clase de carga que está llevando hoy».

Entonces se reiría. Y seguiríamos adelante. Y para mi gran desilusión, no tocaría la bocina ni le dirigiría una mirada furiosa a ese hombre que, como mínimo, se merecía un buen regaño.

La gracia. Mi papá está inclinado a escoger la gracia. No es ingenuo, pero casi siempre les da a los demás el beneficio de la duda hasta que tenga más datos sobre las cosas. Y mientras reparte esa gracia, dispersa las tensiones al hacernos reír. Entre su lógica favorita llena de gracia de todos los tiempos se incluyen cosas como estas...

Para los gruñones: «El pobre hombre está pasando hoy un mal día. Me imagino que se habrá levantado por el lado equivocado de la cama. Lo mejor que podría hacer es volver a la cama y empezar de nuevo».

Para la gente contenta: «¡Qué contenta se ve esa mujer! Te apuesto lo que quieras a que estuvo pensando en sacar al gruñón a caminar esta mañana, pero decidió dejarlo en la cama».

Para la gente enojada: «¡Vaya! Mejor que te andes con cuidado. Te podrías pinchar si no te cuidas».

Papá no se ofende con facilidad. Reconoce que, en realidad, las luchas internas de los demás no tienen nada que ver con él, así que no deja que sus actos y sus actitudes le ofendan. No toma las cosas como agravios personales y le da una gracia mental a la otra persona que quizá nunca sepa nada de esto.

Me siento agradecida por crecer en su casa. Hay una gran cantidad de personas que se pasan años tratando de adquirir el mismo don del cual él fue modelo para nosotros día tras día. A lo largo de los años, muchas veces me ha llamado o escrito alguna mujer y su conversación ha comenzado con: *Espero no ofenderte cuando...* o bien: *Espero que no te ofendí cuando...* Como cualquiera, yo también he tenido muchas razones para enojarme o sentirme ofendida, pero es muy raro que me pase con un extraño o con una persona que apenas conozco. Mi papá nos enseñó a tener en cuenta el corazón de esas personas antes de responderles.

Cuando dos personas no se conocen, no tienen historia, ni tampoco historia en común. Cualquier intercambio de palabras o acciones movidas por la crítica tuvo su origen en alguna otra parte. Por lo general, doy por sentado que la persona criticona que acabo de conocer habla debido a sus heridas o a su vacío. Aunque no excuso su conducta, una sabiduría compasiva me ayuda a reaccionar ante ella con una madurez mayor, en lugar de dejarme arrastrar por su sufrimiento.

Tal vez un hombre compasivo sea la mayor paradoja que este mundo haya visto jamás. Un corazón delicado. Un espíritu gentil. Una palabra amable. Hay quienes asocian erróneamente los actos de compasión con la debilidad. Sin embargo, lo cierto es todo lo opuesto. Los hombres egoístas viven indiferentes al dolor ajeno. Los hombres que solo piensan en ellos mismos son demasiado mezquinos para expresar sus preocupaciones. El hombre sabio comprende que la compasión es una fuerza en realidad.

Hace poco, me encontré un artículo escrito por un hombre llamado Kozo Hattori. Doce años de malos tratos durante su niñez lo obligaron a «actuar como un hombre». Afirma de los malos tratos: «Me exprimieron hasta el punto de haberme sacado la mayor parte de la compasión cuando llegué a la adultez». Su artículo continúa:

> Aunque yo era lo que llaman los terapeutas una persona de «funcionamiento elevado», mi falta de compasión era como un cáncer que envenenaba mis amistades, mis relaciones, mis asuntos de negocios y mi vida. A los cuarenta y seis años, toqué fondo. Sin empleo y al borde del divorcio, me vi dándole un manotazo a mi hijo de cuatro años en la cabeza cuando no me quiso escuchar. Como superviviente de los maltratos, me había prometido que nunca les pondría una mano encima a mis hijos, pero ahí estaba maltratando a mi hijo que tanto amaba*.

En su libro *Educando a Caín*, Dan Kindlon y Michael Thompson afirman que se está educando a la mayor parte de los niños varones para que sean ignorantes en lo emocional: «Falto de una educación de sus emociones, el niño varón se encuentra con las presiones de la adolescencia y esa cultura cruel en particular de sus compañeros con las únicas respuestas que ha aprendido y practicado, y que sabe que acepta la sociedad, las típicas respuestas "masculinas" de ira, agresión y aislamiento emocional»**.

Las mamás que criamos a nuestros hijos varones les debemos enseñar algo distinto. Tienen que comprender que la compasión es una de las características de los hombres fuertes.

El hombre fuerte guía con compasión. Reconoce la importancia de las primeras impresiones, pero no se apresura a llegar a conclusiones sin tener en la mano los hechos.

El hombre fuerte es lento para la ira. Cuando la primera inclinación del hombre es la de conceder el beneficio de la duda, se aminora la aceleración de su ira.

El hombre fuerte no se ofende con facilidad. Su fortaleza procede de la comprensión de que la persona que no se ofende es la que recibe el mayor beneficio. Dando un momento de gracia en lugar de rabiar de ira le ahorra tiempo, estabiliza su tensión sanguínea, lo libera de un estrés excesivo y lo mantiene enfocado en lugar de perseguir esa distracción.

El hombre fuerte es misericordioso. Comprende que la naturaleza humana es imperfecta y que todas las personas del mundo necesitan un Salvador. Se cometen errores. Se dicen palabras de forma involuntaria. Sin embargo, la compasión concede ese don de la gracia recibida.

El hombre fuerte no se burla por las cosas que no se pueden cambiar. Nadie puede cambiar el lugar de su nacimiento. Ni la altura que recibió. Ni los padres que tiene.

El hombre fuerte es más listo que el lenguaje sucio o las palabras vulgares. Su mente es más creativa que esos términos más bajos e indecentes que le da nuestra cultura.

Educa a tu hijo para que sea fuerte. Edúcalo para que sea compasivo.

---

* Kozo Hattori, «5 Habits of Highly Compassionate Men», en *Yes Magazine*, 2 de abril de 2014, http://www.yesmagazine.org/happiness/five-habits-of-highly-compassionate-men.

**Dan Kindlon y Michael Thompson, *Educando a Caín*, Editorial Atlántida, Argentina, 2000, p. 5 (del original en inglés).

24

Un hijo necesita que su mamá

Crea que él va a salir de la neblina

Cuando yo era niño, hablaba como niño, pensaba como niño, razonaba como niño; pero cuando llegué a ser hombre, dejé las cosas de niño.

1 Corintios 13:11

Grayson tenía unos trece o catorce años cuando, sin que me enterara, una densa neblina lo envolvió saliendo de la nada. Antes de darme cuenta siquiera de lo que sucedía, algo irresistible y magnético lo atrajo. Con una densa niebla entre nosotros dos, ya apenas podía delinear el perfil de mi hijo tan brillante y tan hermoso. Mi corazón sabía que él seguía estando allí, pero la neblina era tan densa que muchos días temí que hubiera desaparecido.

¿Cómo es posible que algo que parece tan etéreo como una neblina secuestrara a un varón adolescente?

Entonces no tenía respuesta alguna. Todavía no lo entiendo hasta el día de hoy.

Todo lo que sé es que día tras día, detestaba esa neblina por llevarse a mi hijo. Y día tras día, sentía que el corazón se me destrozaría con seguridad.

He tratado de pensar en una palabra mejor que *neblina* para describir este fenómeno adolescente de los varones. Sin embargo, *neblina* parece ser la mejor palabra. Es como una especie de nube que hace que las luces brillantes se vuelvan tenues. Cuando todo eso comenzó con Grayson, yo no había visto el alcance de lo que enfrentábamos. Recuerdo haber pensado que tal vez él solo estuviera actuando un poco extraño. Una noche, mientras arropaba en la cama a William, que tiene tres años menos que Grayson, William me prometió: «Yo nunca voy a actuar tan extraño como Grayson».

«Buena idea», le respondí. «*Extraño* hace que las cosas sean más difíciles de lo que tienen que ser». En ese momento no tenía idea de que la neblina que lo hace extraño a uno es casi inevitable.

William trataba de cumplir con su promesa, pero aun así también llegó el día en que la neblina se asentó sobre él. Por mucho que quisiera, y por todas sus buenas intenciones y su decisión de no ser extraño, no pudo superar el tirón. Los años de confusión y aturdimiento también le llegaron a él. Gracias a Dios, ya para entonces, había comprendido que la neblina no permanece para siempre.

He aquí cómo describe esta situación un artículo:

> Los científicos solían pensar que el desarrollo del cerebro humano ya estaba bastante completo alrededor de los diez años. O como [la neuróloga Frances Jensen] lo indica: que «el cerebro de un adolescente solo es el cerebro de un adulto con menos kilómetros en él».
>
> En cambio, no es así. Para comenzar, afirma, hay una parte crucial del cerebro, los lóbulos frontales, que no está conectada por completo. De veras.
>
> «Es la parte del cerebro que dice: "¿Esta idea es buena? ¿Cuáles son las consecuencias de esta acción?"», dice Jensen. «No se trata de que no tengan un lóbulo frontal. Y lo pueden usar. Sin embargo, van a tener un acceso más lento».
>
> Esto se debe a que las células nerviosas que conectan los lóbulos frontales con el resto del cerebro son perezosas. Los adolescentes no tienen en esa zona tanto de esa protección grasa llamada mielina, o «materia blanca», como los adultos.
>
> Piensa en la mielina como el aislante de un hilo eléctrico. Los nervios la necesitan para que las señales nerviosas viajen con libertad. La escasez de mielina, o una capa demasiado delgada, llevan a una comunicación ineficiente entre una parte y otra del cerebro [...] Esto también podría explicar por qué con tanta frecuencia los adolescentes parecen estar centrados con tanta exasperación en sí mismos. «Se les considera unas personas ariscas, groseras y egoístas», dice Jensen. «Bien, en realidad esa es la etapa de su desarrollo en la que se encuentran. Aún no están en ese

> punto en el que piensan, o en realidad son capaces de pensar, en los efectos que tiene su conducta en las demás personas. Eso requiere profundidad de pensamiento».
>
> Y la profundidad de pensamiento exige, es cierto, unos lóbulos frontales conectados en su totalidad*.

Al menos, ya hay una explicación científica para la neblina, pero no estoy segura de comprender cómo la ciencia nos ayuda a vivir a través de esta. Mis dos varones tienen años antes de que llegaran a la edad de unas sinapsis cerradas por completo, pero ya ambos se hallan del otro lado de la neblina. Espero que algunas de mis estrategias para enfrentármeles te sean útiles.

Si en tu pronóstico del tiempo no aparece la amenaza de neblina en tu hijo, comienza a preparar tu corazón. Estar un poco preparada es un millón de veces mejor que el devastador día en el que tu feliz hijo se marcha por tres años y, claro que sí, al mundo entero se le había olvidado decirte que eso podía suceder. Además, la predicción de esta neblina en tu hijo es como el pronóstico meteorológico en tu localidad. Si te dicen que hay una buena posibilidad de que llueva, saca el paraguas. Si no llueve, mejor, no lo necesitaste. Es bueno que estés preparada.

¿Recuerdas a Pigpen, el personaje de Peanuts que era amigo de Charlie Brown? Dondequiera que iba, lo seguía una nube de suciedad y de polvo. Bueno, así es más o menos como me llegué a imaginar a mis hijos en medio de su neblina. Los seguía dondequiera que iban. Cuando me vi fuera del remolino de su neblina, fue cuando pude comprender con más facilidad mi papel. Guiarlos. Estar vigilante para descubrir las cosas que escondiera la neblina. Como Pigpen, mis hijos no tenían ni idea de que los seguía todo este asunto de la neblina dondequiera que iban. Un día, William estaba tan molesto que juntó unas cuantas palabras, levantó la mirada y me preguntó: «Mamá, ¿por qué siempre estás diciendo que estoy en medio de una neblina?». Los adultos que estaban en la habitación se miraron unos a otros. *El pobre, no tiene ni idea*. Y no la tenía. De veras que no entienden.

Cuando la ineficacia de los conectores cerebrales, o la neblina, o lo que sea que comenzara a distanciar a mis hijos del resto de la familia, traté de darles su espacio. Aun así, no iba a permitir que se fueran por completo. Aunque se limitaran a mirar durante la cena, gruñendo palabras de una sola sílaba y masticando con un poco de ruido, tenían que estar presentes. Aunque cerraran con mayor frecuencia la puerta de su cuarto. Está bien... todavía puedo tocar a la puerta y entrar.

Me entristece decirte que los varones tienen la tendencia de perder su sonrisa en la neblina. Traté de no dejar de sonreír solo porque ellos hubieran dejado de hacerlo. Un acto de amor es seguirle sonriendo a tu hijo cuando lo que quieres es llorar. O mantener tu compostura cuando te enojas tanto que todo lo que quieres es volver a poner de un golpe una sonrisa en esa presumida carita.

Necesitas saber que la neblina tiene superpoderes. No vas a levantarla con llorar, gritar ni arrancarle de un golpe la cabeza a tu hijo. Así que trata de no desperdiciar tus emociones buenas en ninguna de esas cosas.

También sus ojos te van a entristecer. Y esto duele de manera increíble. Cuando desaparece por un tiempo el parpadeo de ese niño pequeño, sus ojos vacíos parecen gritar: *Eres la mujer más tonta del planeta*. No creas nada de eso. Los varoncitos en una neblina son las personas más tontas del planeta, no tú.

Un subproducto de la neblina es sentirse perdidos y confundidos cuando el resto de la familia sabe lo que sucede. La reducción de la visibilidad significa que solo te ves a ti mismo. Solo piensas en ti mismo. Es un dilema que no tiene fin. Trata de lograr que tu hijo mire hacia afuera y entrecierre los ojos a través de la neblina durante suficiente tiempo para ver que hay un gran mundo maravilloso que sigue girando aún alrededor de él. Entonces, trata de no matarlo. ¿Te pareció duro esto último? Cuando se halle envuelto por la nube y solo piense en sí mismo, llámame. No le hagas daño.

Tengo una foto de William con sus primos. Hay siete niños bien sentados en el sofá por orden de fecha de nacimiento. William está vuelto al revés, parado de cabeza y sonriendo como un pillo. Desde que nació este niño, estaba lleno de gozo. Después que entró en la neblina, le mostraba esa fotografía de vez en cuando. «Ese niño sigue dentro de ti y un día va a estar de vuelta», le recordaba. Nunca dejes de creer que tu hijo va a salir de esa situación.

Y por último, algunos días una se siente como si la neblina tomara las mejores estrategias que puede idear una mamá y les quitara todo su poder. Sin embargo, hay una que no puede tocar la neblina. Tus oraciones.

Comienza a orar ahora y sigue orando. Tú vas a necesitar la sabiduría de Dios y él va a necesitar su gracia.

Y esta es la mejor noticia de todas. Esos niños que entran a la neblina regresan a ti. ¿Que cómo lo sé? Porque un día él va a sonreír por accidente sin intentarlo. Otro día, su arranque de risa los va a sorprender a los dos. Entonces, una noche va a entrar corriendo en la sala para preguntarte algo y tú vas a captar de nuevo el parpadeo.

Y tu chico estará en su camino de regreso.

---

* Richard Knox, «The Teen Brain: It's Just Not Grown Up Yet», NPR, 1 de marzo de 2010, http://www.npr.org/124119468.

25

Un hijo necesita que su mamá

Le enseñe cómo pedirle a una chica que lo acompañe a la fiesta de graduación

Con humildad consideren a los demás como superiores a ustedes mismos.

Filipenses 2:3, NVI®

En la primavera de su penúltimo año del instituto, Grayson decidió invitar a una chica encantadora a la fiesta de fin de curso. Pocos años antes, había decidido a propósito no tener novia, así que ir a la fiesta de la escuela ese año era más bien para participar en una divertida tradición del instituto. Le pidió a una hermosa jovencita de nuestra iglesia que lo acompañara. Ambos pertenecían al mismo grupo de amigos. Era una chica divertida, de conversación fácil e interesante.

Entonces, él me contó cómo le pidió que lo acompañara a la fiesta. No puedo recordar los detalles de todo, pero fue una especie de cita para tomar café donde pasó demasiado tiempo hablando de lo que no significaba ir a dicha fiesta. No le hizo una invitación divertida especial. No consiguió ninguna pizza que tuviera la palabra FIESTA escrita con lascas de salami. Tampoco hubo alguna búsqueda de tesoro, ni llegó con otros jóvenes detrás para que le cantaran una serenata. Nada creativo ni divertido. Solo una aburrida reunión más, para «hablar» de asistir a la fiesta.

—Grayson, eso estuvo horrible —le dije después de oírlo—. Vas a tener que dar marcha atrás y hacerlo todo de nuevo.

—¿Qué quieres decir? Yo solo quería evitar que ella pensara que era algo más o significaba algo que no significaba —me respondió con sinceridad.

—Cariño, me sorprende que ella aceptara acompañarte. Todo eso parece más como un acuerdo de negocios que como una invitación a la fiesta. Comprendo lo que le querías comunicar, pero al hacerlo, eliminaste de aquel lugar todo lo que hubiera sido divertido. Se supone que seas creativo o, por lo menos, le robes a otro muchacho alguna idea sobre la forma de invitar a una jovencita.

—Pero mamá, yo no le quería dar demasiada importancia.

—Bueno, misión cumplida. Aun así, he aquí la cosa. Creo que podrías haber dicho la parte de ir como amigos y hasta la parte de que no había intenciones de citas futuras, pero sin dejar que la invitación fuera divertida y alegre. Las chicas conservan los recuerdos de una manera que todavía no puedes comprender. Y esos recuerdos, buenos o malos, les dan forma a ciertos lugares en sus corazones. Quiero que seas lo bastante responsable como para hablarle con sinceridad a una joven, pero sin presentar con tanta fuerza tu manera de ver el asunto que la hieras sin intención de hacerlo.

No creo que Grayson tuviera jamás la valentía de volverle a pedir que lo acompañara a la fiesta, pero sí estoy segura de que me escuchó ese día. Para él era algo nuevo pedirle a una chica que hiciera algo. Yo quería estar segura de que comprendía que las chicas escuchan de una manera diferente. Están más inclinadas a hacerlo con el corazón. Mis hijos necesitan hablar desde esa percepción.

Las mamás les tienen que enseñar a sus hijos varones cómo es el corazón de las chicas. Ellos tienen la responsabilidad de actuar y hablar con bondad, no solo con una novia o con una amiga cercana, sino con todas las chicas de su vida. Algunas veces, eso significa prestarle atención al contenido de sus palabras. Otras veces significa prestarle atención al mensaje de sus acciones.

Varias veces le he preguntado a uno de nuestros varones acerca de alguna chica que nos ha visitado o que me ha hablado después de las clases. A menudo me han dado una respuesta ya muy gastada: «Es estupenda, mamá. Solo somos amigos». Y según lo que me diga mi «instinto femenino», tal vez les haya tenido que preguntar: «¿Sabe ella que ustedes solo son amigos? ¿Has dicho algo que le podría estar enviando un mensaje distinto?». Me doy cuenta de que la gente se puede precipitar a todo tipo de conclusiones a partir de las cosas más insignificantes, pero quiero que mis muchachos sean lo suficiente responsables como para tratar de comunicarse bien, ya sea de palabra o de obra.

A nuestro hijo Storm lo invitaron a asistir a una reunión de exalumnos en otra escuela. En su mente, trataba de ser amable con la joven que lo invitó, pero en realidad nunca le respondió con un sí ni un no. Dos días antes del gran baile, sin saber nada aún, la joven pasó por nuestra casa para darle una corbata de lazo. Yo no estaba en casa en ese momento, pero de seguro que él le dijo que no tenía planes de ir y la dejó llorando. Todo lo que logré saber es que eso fue terrible. A la mañana siguiente, sonó mi teléfono mientras abordaba un avión para irme a otra ciudad, así que le envié un mensaje de texto a mi esposo con el mensaje y la azafata cerró la puerta.

Cuando aterricé al otro extremo de la nación, ya se había manejado la situación del malentendido con la corbata de lazo y el baile de exalumnos. Al parecer, después de enderezar las cosas, Scott fue a la floristería y compró un ramillete de flores. Entonces, llamó a Storm para decirle que él sí iba a ir a la fiesta de exalumnos. E hizo una declaración más: Storm no solo iba a asistir a la fiesta de exalumnos a la noche siguiente con la corbata de lazo puesta, sino que iba a asegurarse de que la joven a la que acompañaba pasara un buen tiempo. Le explicó que cuando uno permite que una chica se crea algo falso porque es demasiado cobarde como para decirle la verdad, le mintió en esencia. También le dijo que esa no es la manera en que nosotros hacemos las cosas. El corazón de una chica es demasiado valioso.

Después de todo eso, no estoy segura de que ella se divirtiera mucho. ¿Quién la podría culpar? Sin embargo, Storm dijo que lo había intentado y yo me sentí orgullosa de él por tratar de deshacer el desastre que causó.

Puesto que yo también fui una chica adolescente y ahora soy la mamá de dos chicas, quiero que mis hijos varones sean considerados y bondadosos con las chicas que conozcan. Quiero que comprendan que tienen la responsabilidad de ser atentos con todas las mujeres, y no solo con sus novias o sus amigas cercanas. Eso significa no meterse en la conversación cuando los niños pequeños dicen cosas absurdas acerca de las niñas pequeñas en el patio de la escuela. Y cuando crezcan, significa defender el honor de las mujeres y de las chicas, y protegerlas. Sostener las puertas para que pasen y otros actos de bondad que comunican que se siente respeto y se tiene una decencia básica. Con todas. Y en especial con la que crean que se siente poco atractiva.

Dile a tu hijo que cuando toda la muchachada se va al restaurante Wendy's después del culto en la iglesia, él tiene la responsabilidad de asegurarse de que se invite a las chicas «marginadas». Enséñale a comunicarle con bondad un sí o un no a una chica. Dile que saludar a una chica no significa que le «gusta». Se puede saludar a las personas. Ser cortés.

Todavía sonrío al pensar que Grayson trató esa invitación a la fiesta de graduación como una especie de negociación de un contrato. Su mamá le advirtió que cuidara de forma especial las cosas del corazón y él no quiso hacer nada que hiriera a su buena amiga. En cambio, debo haber olvidado decirle que para comunicarse con claridad no tiene por qué ser un aguafiestas.

Tal vez logremos enderezar esta cuestión de las chicas y la comunicación antes que le llegue la hora a uno de ellos de ponerse de rodillas para pedirle matrimonio.

26

Un hijo necesita que su mamá

Ponga los deportes de él en el altar de Dios

Ya que han resucitado con Cristo, busquen las cosas de arriba, donde está Cristo sentado a la derecha de Dios. Concentren su atención en las cosas de arriba, no en las de la tierra.

Colosenses 3:1-2, NVI®

Entre mis cuatro hijos, alguno de ellos ha jugado en casi todos los deportes que existen bajo el sol. Después de todos los años, todas las inscripciones, las pruebas, las prácticas, el equipo y las lágrimas, hubo un deporte que surgió al fin en la cima de nuestros dones familiares. El hermoso juego del fútbol.

Cuando William y Grayson eran pequeños, ambos jugaron fútbol. Grayson pasó del fútbol al béisbol en la secundaria, después al lacrosse, después fútbol americano y terminó el instituto en carreras de campo traviesa y en pista. William se ha quedado con el fútbol, pero muchas veces fue el fútbol y otra cosa más. Fútbol y béisbol. Fútbol y baloncesto. Fútbol y carreras en pista. A la larga, ganó el fútbol y ocupó su bien merecido trono como el rey de los deportes en nuestra casa. En realidad, nos encanta el deporte.

En cuanto a mí, la mamá rara, cometí un error con respecto a una cosa. Di por sentado que nosotros, los padres de los chicos deportistas, pensábamos todos lo mismo. Lo de: *El fútbol es un deporte, no un dios. Nosotros jugamos al fútbol por muchas razones, pero no es lo que nos da vida. Disfrutamos mucho de ese juego, pero no puede ser nuestro gozo, ni nunca lo será.*

No sé dónde estaba yo el día en que alguien decidió que los padres debían ayudar a sus pequeños a levantarle un altar a su deporte favorito. Un altar donde el hijo pondría después su corazón, haría sacrificios y se inclinaría a diario en adoración.

Yo no pensaba lo mismo.

En el espíritu de un recuento a partir de los datos, que yo sepa no ha habido entrenador ni programa que haya aludido jamás a la creación de un altar o a la adoración de los dioses del fútbol mientras ha estado entrenando a mis hijos. Sin embargo, esto casi no importa porque esta cosa de la que hablo es mayor que un hombre o un programa. La delirante obsesión con nuestros hijos y sus deportes es un fenómeno que se encuentra al borde de tragarse a todo un país de gente bien intencionada.

¿Me escuchaste antes cuando te dije que me encanta el fútbol? Y no solo el fútbol... a toda nuestra familia le encantan los deportes. Participar. Verlos. Hablar. Nos encanta ir a los partidos, animar a los jugadores y chocar los cinco todo el tiempo de vuelta a casa. Uno de los mejores días del año es nuestra inmensa fiesta anual del Supertazón. Todas las cosas que tienen que ver con los deportes pueden ser muy divertidas.

No obstante, lo que está sucediendo hoy en día con los deportes de los jóvenes parece haberse caído del puente de la diversión hacia la fuerte corriente de un río de demencia. Me parece legítimamente aterradora nuestra cultura enloquecida con los deportes juveniles. Me siento triste por los atletas y triste por sus padres.

Hace poco conocí a una mamá en una reunión de mujeres que me habló de la pobre actuación que tuvo hace poco su hijo de dieciocho años en su deporte. Entonces me habló de todas las tácticas que estaba usando para forzarlo a lograr la meta. Y sus amenazas. Y las llamadas de sus otros parientes para «decirle que lo logre». Terminó diciéndome: «Todo el problema está en su cabeza. Sé que puede lograrlo».

Asentí con la cabeza y estuve de acuerdo con su evaluación. Me parecía que su hijo era un gran atleta que no funcionaba a la altura de su capacidad anterior. Así que le dije: «Al parecer, tienes razón y todo está en su cabeza». Comprendí su anhelo de ver que su hijo daba el paso y hacía lo mismo que ella sabía que podía hacer. En cambio, tuve la impresión que ese muchacho había estado recibiendo duras críticas. Así que añadí: «Cualquiera que sea lo que lo tiene derrotado en su cabeza, asegúrate de que no se le vaya al corazón. Al fin y al cabo, solo se trata de un juego. Si su corazón es bueno, todo lo demás va a estar bien».

Ella me miró como si nos acabáramos de convertir en extrañas. Puede que esas últimas frases las dijera en *swahili*. Ya no hablábamos el mismo idioma.

Las estadísticas* de la NCAA [por sus siglas en inglés de la Asociación Atlética Colegial Nacional] para este año informan que...

el 3,3 % de los jugadores de baloncesto del instituto jugarán para una institución de la NCAA.

el 0,03 % de los jugadores de baloncesto del instituto jugarán después profesionalmente.

el 6,5 % de los jugadores de fútbol americano del instituto jugarán para una institución de la NCAA.

el 0,08 % de los jugadores de fútbol americano del instituto jugarán después profesionalmente.

el 5,7 % de los jugadores de fútbol del instituto jugarán para una institución de la NCAA.

el 0,09 % de los jugadores de fútbol del instituto jugarán después profesionalmente.

Lo que nos dicen estas estadísticas, y otras similares, es esto: Invertir unas cantidades exorbitantes de dinero y de tiempo en el deporte con la esperanza de recibir una beca atlética para la universidad es una mala inversión según las estadísticas. ¿Reciben los jugadores del instituto unas asombrosas becas atléticas? Sí, las reciben. ¿Es probable que tu hijo o el mío estén entre los que las reciben? Alrededor del cinco por ciento de nuestros hijos irán a la universidad con una beca deportiva.

Sin duda alguna, nunca he permitido que las estadísticas me espanten al punto de alejarme de nada. Además, ellos le tienen que dar a alguien esas becas, ¿no es cierto? Muy bien le podrían dar una a mi hijo o al tuyo. Aun así, también quiero que las estadísticas me guíen a la sabiduría. Y la sabiduría dice que las posibilidades son menores aún si...

- mi hijo es bueno en su deporte, pero no es un distinguido bateador, corredor o anotador.
- mi hijo es bueno en su deporte, pero su corazón no está en eso.
- mi hijo es bueno en su deporte, pero le encanta otra cosa.
- mi hijo detesta el deporte, pero sus padres y sus entrenadores le siguen exigiendo que juegue.

Alrededor del noveno grado, nuestro jugador de fútbol bueno de verdad, William, comenzó a gustarle más lo académico. Todavía tenía sus dones para el fútbol, pero había cambiado su corazón. Le encantaban el entrenador y el equipo. Quería tener una buena actuación cuando estaba allí. En las horas libres, en cambio, su corazón se fue interesando más en la ciencia que en el fútbol. En lugar de gastar dinero en un entrenador de fútbol que «lo pusiera de nuevo en el buen camino», las estadísticas, la sabiduría y el buen y viejo sentido común nos dijeron que gastáramos dinero en un tutor para el examen de admisión a la universidad. A William siempre le encantará el fútbol, pero es más probable que le ayuden más en la universidad sus otros intereses. En ese punto, habría sido una verdadera estupidez seguir gastando en el fútbol como si sus sueños universitarios dependieran del mismo.

Comprendo muy bien que los padres sean capaces de saltar del puente de la diversión para caer en el río de una loca obsesión. La presión es casi increíble. William, como jugador joven, tenía un don. Otros entrenadores y padres lo podían ver. Al cabo de un tiempo, la embestida de la presión para hacer de él una gran cosa era abrumadora. Me asusta pensar lo fácil que nos habría sido aceptarla. Nadie nos hubiera culpado si nos hubiéramos pasado los últimos diez años de su vida «persiguiendo el sueño».

Tuve que poner el fútbol de William en el altar de Dios. Si Dios le dio el don, Él mismo nos mostraría qué hacer con él. A lo largo de los años, eso ha significado muchas cosas:

- Cuando se fijaba un torneo del club en el mismo fin de semana que el retiro de jóvenes de nuestra iglesia, con mucha anticipación le informaba al entrenador que William no estaría en el torneo. Todos los entrenadores con los que he hablado de esto, lo han comprendido. Algunas veces, una tiene que sacar su tarjeta de mamá. Las tarjetas de mamá se van por encima de todo, de manera que el hijo aprenda que hay algunas cosas que son más importantes que su deporte.
- Cuando William era más joven y parecía consumido por el fútbol, le dije una y otra vez que me encantaba su habilidad, pero que su corazón, su mente y los estudios académicos eran más importantes. Aunque se convirtiera en el mejor jugador del mundo,

necesitaba saber que esas cosas siempre serían más importantes. No podía permitir que cambiara el orden de las cosas.

- Cuando aún le gustaba el juego pero decidió que le interesaban más los estudios académicos, supe que tomaba la decisión adecuada. Entonces, dejó de jugar con el club para dedicarse a otros estudios y me sentí un poco triste. Los fines de semana con otras familias se habían convertido en parte de nuestra vida, pero no podía forzar a William a quedarse en el club cuando era evidente que su corazón le decía algo distinto.
- Cuando no comenzó un solo juego durante todo su último año, me vi obligada a examinar mi propio corazón. Me di cuenta de que habría querido que mencionaran su nombre al principio, pero era por mí misma. Ya hacía mucho tiempo que él había decidido que le interesaban más los estudios académicos que el comienzo de un juego. Había permitido que fuera su lugar en la cancha el que me definiera a mí. *Por el amor de Dios. Qué embarazoso.*

Si pudiera animarte a hacer una sola cosa, sería esta. Pon el deporte de tu hijo en el altar de Dios. Si debe llegar a ser el próximo ganador del trofeo Heisman, Dios te va a guiar. Si es tiempo de tomar otro camino, Él te lo va a mostrar. Y mientras tanto, con su deporte en el altar, puedes confiar que nuestro Dios soberano use ese deporte como Él quiera. Para moldearlo. Para desafiarlo. Para disciplinarlo. Para darle inspiración.

Aclamar desde las gradas descubiertas es una de las cosas más divertidas que hace una mamá. Así que sostenlo todo con las manos abiertas. Arrodíllate ante Dios y nunca dejes que la presión de la cultura te obligue a inclinarte ante el deporte.

Después de esto, ¡vete a todos los juegos y pásate los mejores momentos de todos los tiempos!

* «Cálculo de probabilidad estimada de competir en el atletismo más allá del nivel interescolar del instituto», NCAA, 24 de septiembre de 2013, htpp://www.ncaa.org/sites/default/files/Probability-of-going-promethodology_Update2013.pdf.

necesario saber que esas cosas son pre[illegible] importantes. [illegible] se podía decir que cambiara el orden de las cosas.

Cuando [illegible] el juego para decidir que le interesaba [illegible] los estudios [illegible] hasta que tomaba la decisión ade[illegible] [illegible] de jugar con [illegible] estudios y [illegible] poco [illegible] semana con otras [illegible] en parte de [illegible] [illegible] [illegible]

Cuando [illegible] [illegible] [illegible] que había [illegible] al principio, pero es normal [illegible] mucho tiempo que [illegible] que le [illegible] más los estudios [illegible] que el [illegible] de su juego. Había [illegible] tiene su lugar [illegible] [illegible]

Su [illegible] [illegible] [illegible] [illegible] [illegible], [illegible] de [illegible] [illegible] [illegible] [illegible] [illegible], [illegible] [illegible] [illegible] [illegible] [illegible] [illegible] [illegible] [illegible] [illegible]

[illegible] de las [illegible] [illegible] las cosas [illegible] [illegible] Dios [illegible] [illegible] [illegible] el [illegible]

[illegible] todos [illegible] [illegible] de todos los [illegible]

[illegible] de [illegible] [illegible] [illegible] [illegible] [illegible]

27

Un hijo necesita que su mamá

Haga de la asistencia a la iglesia un asunto no negociable

Y consideremos cómo estimularnos unos a otros al amor y a las buenas obras, no dejando de congregarnos, como algunos tienen por costumbre, sino exhortándonos unos a otros, y mucho más al ver que el día se acerca.

Hebreos 10:24-25

Este año marca veinticuatro años para mí.

He estado aprendiendo a ser la mamá de mis hijos durante veinticuatro años. Me alegro de no sentirme aún demasiado vieja para tener hijos de tanta edad. Sin embargo, al mismo tiempo, te escribo con la paz que afirma el paso de veinticuatro años.

A través de los años, con la gracia de Dios y la influencia de mis padres, he logrado hacer bien algunas cosas relacionadas con la crianza de mis hijos. Aun así, en otras cosas he tropezado y dado tumbos, y muchas veces he tenido que humillarme y cambiar de rumbo. De lo que escribo hoy es una de esas cosas que me dieron mis padres. Sin ellos como modelo, no estoy segura sobre la forma en que habría sabido lo importante que es que nuestros hijos estén en la iglesia.

Así que te ruego que escuches mi compasión ante lo que te escribo hoy. Si alguien no ha sido modelo de compromiso con la iglesia, ¿cómo lo habría de saber yo? No escribo con la intención de golpearte. Te escribo con la convicción y la seguridad que traen consigo esos veinticuatro años. Y te escribo para decirte que aún no es demasiado tarde.

Desde que nació mi primera hija, he visto que hay dos compromisos que son los más importantes y las mejores decisiones que he tomado como mamá:

La primera de esas decisiones fue la de someterme yo misma a las enseñanzas y el liderazgo de Jesucristo. Él es mi Salvador, pero también es mi guía. Su sabiduría me instruye como si fuera un padre. El Espíritu Santo que habita en mí me trae convicción y guía a mi corazón. En los momentos que he tropezado justo con la respuesta adecuada o el camino a seguir con uno de mis hijos, estoy convencida más allá de la razón que esos momentos ungidos no fueron de mi propia cosecha. Sin vacilación ni dudas, puedo decirte que todas las cosas buenas que he hecho se han producido gracias al Espíritu de Dios en mí y a través de mí.

La segunda decisión en importancia fue la de mantener la iglesia como algo que no es negociable en mi familia.

La forma en que expreso esa segunda decisión parece muy dura. *No negociable*. Sin embargo, lo que quiero decir es justo eso: no negociable. Nuestra familia asiste a la iglesia y ese es un compromiso que sostengo con toda firmeza. A pesar de eso, también he aprendido que una madre bondadosa es capaz de tomar decisiones firmes y ver que se cumplan sin tener que actuar como una dictadora implacable.

En nuestra familia, vamos a la iglesia. Vamos a la iglesia los domingos por la mañana y a mediados de semana. Vamos a grupos pequeños, estudios bíblicos y reuniones de oración. Hasta vamos a actividades extraordinarias como conciertos, comidas informales donde llevamos platos para compartir y días de limpieza. Cuando nos mudamos a esta ciudad, escogimos una iglesia donde se adora a Jesucristo y se enseña su Palabra, la Biblia, con integridad. Entonces, compramos una casa cercana a la iglesia. Desde el principio mismo, entendimos que el resto de la gente que asistía a la iglesia era igual que nosotros, pecadores que han demostrado que necesitan un Salvador. Todos vamos camino del hogar. Ninguno de nosotros es perfecto aún. Así que va a haber buenos tiempos y tiempos difíciles, victorias y desalientos, pero pase lo que pase, seguiremos comprometidos con nuestra iglesia. Elogiamos a las otras iglesias de nuestra ciudad, pero no necesitamos andar saltando de una a otra en busca de lo que nos pudiéramos estar perdiendo. Anhelamos la profundidad de relaciones que solo nos puede ofrecer el tiempo que hemos estado conectados.

Podría escribir un libro entero acerca de todas las maneras en que formar parte de una iglesia ha moldeado mi vida, pero por causa de la brevedad...

- La iglesia en mi juventud me dio una sensación de comunidad y de aceptación que perdura hasta el día de hoy.
- La iglesia en la universidad me desafió a conocer mejor a Cristo.
- La iglesia en el seminario fue el lugar donde lo académico se encontraba con la realidad.
- La iglesia fue la oportunidad que tuve de dar lo que se me había dado cuando fui parte de su personal.
- La iglesia fue la comunidad de gracia más dulce que conociera esta nueva mamá cuando era una joven casada.
- La iglesia fue en mi divorcio consejos, protección, sanidad, apoyo y esperanza.
- La iglesia es en mi nuevo matrimonio el lugar donde los redimidos comienzan de nuevo.
- La iglesia, ahora que soy una mamá de más edad, es el círculo que se cierra con comunidad, aceptación e instrucción para mis hijos que anhelan tener más de Dios.
- Aún no estamos ahí, pero esperamos que cuando el nido esté vacío, la iglesia sea el lugar donde sirvamos y demos hasta el final.

Sin importar dónde haya vivido ni la etapa de mi vida, la iglesia ha sido siempre el instrumento más profundo de Dios en mi vida. Así que llevo a mis hijos a la iglesia. Eso no es negociable.

Y deseo que tú también lleves a tu hijo a la iglesia.

Mientras sea pequeño, empacar esa bolsa de pañales podrá ser una incomodidad, pero comienza a llevarlo a la iglesia tan pronto como puedas. Tanto tú como él van a recibir bendición. Si tu familia permanece en la iglesia, de seguro que llegará un día en el que tu hijo adolescente va a preferir quedarse durmiendo. Aquí es precisamente donde entra en acción el principio de que la iglesia no es negociable. Le dices para qué son las siestas de los domingos al mediodía, lo sacas de la cama y lo sigues llevando a la iglesia. ¡Y también al grupo de jóvenes!

Comprendo que esta cultura no tome con demasiada amabilidad las opiniones fuertes, en especial cuando estas tienen que ver con Dios. Nuestros contemporáneos tampoco creen que debemos «forzar» a nuestros hijos para que acepten nuestras creencias. Te garantizo esto: Mantener a mis hijos en la iglesia no es forzarlos a creer. Es imposible forzar a alguien a creer algo. Al final, cada uno de mis hijos debe decidir por su cuenta. Decidirá si confía o no en el Jesús que han encontrado en la iglesia. Lo cual es justo el motivo por el que necesitas escoger una iglesia centrada en el Único que es tan fuerte que puede salvar. Pasarse dieciocho años aprendiendo «cosas buenas» o yendo una semana tras otra a escuchar a un hombre que está creando su propio reino, es robarles la oportunidad de conocer tanto el amor como la gracia de nuestro Salvador, Jesús.

Si lo que te digo está chocando con tu estilo, permíteme que siga adelante y te empuje por el borde del precipicio. Hace varios años, decidimos que nuestra familia iba a ir a la iglesia, incluso en las vacaciones. Un domingo, es probable que diéramos el aspecto de ser una pequeña banda de rock que se iba sentando en un banco de una pequeña iglesia en la montaña. Estábamos vestidos con ropas de vacaciones, pero a pesar de esto, fuimos bien recibidos y adoramos allí. Otro domingo, llegamos como extraños a una pequeña iglesia de la costa, pero salimos muy conectados con Dios y con aquellas amables personas. Otro domingo era el día de Resurrección por la mañana y nuestra familia adoró a Jesús en la iglesia de Hillsong en París, donde la presencia de Dios les sirvió de puente a las culturas y a los idiomas y nos conmovió hasta las lágrimas. Una y otra vez, ir a la iglesia dondequiera que estemos de vacaciones ha sido una hermosa lección para nuestra familia en cuanto a la comunión de los creyentes y la presencia de Dios en el mundo entero.

Considerar la iglesia como algo no negociable quiere decir que eso es lo que hacemos. La iglesia forma parte de nuestra cultura familiar.

Tal vez tú seas más tibia que comprometida, pero Dios te dice al corazón que hagas un cambio por el bien de tu familia.

Te dejaré ahora con la historia de mi cuñada. Laura es madre soltera de cuatro hijos varones. Siempre los ha llevado a la iglesia. Sin embargo, a medida que fueron creciendo los muchachos, se fue haciendo más fácil no asistir de vez en cuando. Juegos de fútbol. Tareas de la escuela. ¿Quién la podría culpar? Todo esto es demasiado para cualquiera, mucho más para una madre soltera.

Después que los dos hijos mayores se fueron a la universidad, ella les dijo a los dos más jóvenes en edad del instituto que volverían a la iglesia. Asistirían a los cultos de adoración, a la Escuela Dominical, al grupo de jóvenes y a cuanta otra cosa tuvieran allí. Les dijo que todos iban a ir. Ya te podrás imaginar la falta de entusiasmo de esos muchachos.

Laura, en cambio, tenía decidido que no era negociable. Asistían a la iglesia todos los domingos. Y todos los miércoles. Los chicos se arrastraban detrás de su mamá para ir a sus clases porque ella dijo que había que ir. Durante semanas.

Y un día, esos muchachos se encontraron con Dios. Cada uno tomó su decisión intelectual de creer, pero la firme decisión de Laura de mantenerlos en la presencia de Dios y en comunión con el pueblo de Dios fue una hermosa decisión fuerte para sus almas.

Y cuando esos inteligentes y creativos muchachos se encontraron con Dios, todo cambió. Todas. Las. Cosas. Su tercer hijo se acaba de marchar a la universidad la semana pasada. Está asistiendo a una universidad privada cristiana que cuesta más que la universidad estatal. Sin embargo, suplicó que le dejaran ir. Y se ganó una beca. Porque quería ir a la universidad con otros creyentes.

Más que nada en esta tierra, quiero que mis hijos caminen con Dios. Que lo conozcan por su nombre. Que vivan en su amor y para su honra.

Tengo la iglesia como algo no negociable porque quiero a mi familia en la presencia de Dios. Quiero que mis hijos tengan todas las oportunidades posibles para conocerlo y amarlo como Salvador.

28

Un hijo necesita que su mamá

Se presente en la puerta del frente

No se olviden de practicar la hospitalidad, pues gracias a ella algunos, sin saberlo, hospedaron ángeles.

Hebreos 13:2, NVI®

En nuestro hogar tenemos una norma de puertas abiertas, casi siempre porque pienso que esa es la forma en que Jesús habría querido que viviéramos. Los muchachos tienen nuestro permiso para venir con sus amigos en cualquier momento, y una de las cosas que Scott y yo les queremos comunicarles a esos amigos suyos es que nos sentimos felices de verdad al tenerlos en nuestro hogar.

Hace ya años, leí un estudio acerca del cerebro y el gozo. Al parecer, hay un lugar en el cerebro que produce una sustancia química para darnos la experiencia del gozo. Ese «centro del gozo» se dispara por muchas cosas, pero se activa en gran medida cuando la persona entra a un lugar y la gente allí se alegra de verla. Nosotros queremos que los que lleguen a nuestra casa sientan ese gozo.

Un hijo necesita que su mamá se presente en la puerta del frente para recibir al montón de amigos que él traerá al hogar.

Cuando Grayson estaba en el instituto, creo que se trajo a casa a todos los estudiantes extranjeros que tenían allí. A nosotros nos encantaba tratar de establecer puentes entre idiomas y culturas. En la noche que trajimos a casa a Marco, que era de Bolonia, Italia, ciné espaguetis, por supuesto. El inglés de Marco no era muy bueno, pero sonreía mucho. Ahora bien, estoy muy segura de que cuando lo invité a quedarse para la cena, sabía que yo me disculpaba una y otra vez por los espaguetis que se iba a comer. Nosotros nos reímos y le dimos amor esa noche. Nuestros hijos necesitan comprender la hospitalidad como una de las hermosas formas en que Dios les extiende su amor a otros por medio de nosotros.

Lo que comenzó recibiendo a unos cuantos muchachos a la vez, nos debe haber dado más valentía. A lo largo de los años, hemos tratado de abrir las puertas cada vez más. Somos anfitriones en el domingo del Supertazón. Llega cuanta persona quiera asistir, y el último año, Grayson nos trajo a casa veinte jovencitos de la universidad. —Eh, mamá, ¿está bien que diez de ellos pasen la noche aquí?

—Claro, bebé, si no les importa dormir en cualquier parte —le contesté.

—No, no les importa —me dijo—. Solo están felices por estar en un hogar.

El año pasado nos ofrecimos para ser los anfitriones de una cena informal en la que cada uno de nuestro equipo de fútbol aportó un plato. Corría el mes de agosto, así que les dijimos que trajeran sillas para el patio. Toda esa gente no cabe dentro de la casa, pero en el patio sí habría espacio suficiente. Esa noche llovió sin parar, así que más de un centenar de personas se tuvieron que refugiar dentro de la casa. Yo saqué todo del garaje y abrí la puerta del frente de todas formas. Uno de los recuerdos más dulces que tengo de mi vida de mamá es el de ver cómo el autobús del equipo se detenía frente a la casa y luego todos los muchachos corrían bajo la lluvia para entrar. Después que todos comieron y se apretaban como sardinas en lata, miré hacia fuera por la puerta del frente. Ahora quisiera haber tomado una fotografía. Todos los muchachos se quitaron las zapatillas de juego llenas de fango y las tiraron a una inmensa pila en medio del portal. *Señor, no sé cómo tú lograste amontonarlos a todos aquí adentro, pero te doy gracias por esta bendición atestada y llena de lodo.*

Nosotros vamos a la puerta para recibir a las personas. Y entonces, a veces una mamá necesita quedarse de pie en la puerta del frente para recibir sabiduría.

En un caluroso día de verano, una gran cantidad de muchachos de la iglesia se estuvieron bañando en la piscina del vecindario. Me imagino que decidirían que ya habían recibido bastante sol, así que se vinieron a casa. Primero llegaron los varones con sus bañadores mojados y envueltos en una toalla. Después vino un auto lleno de chicas. Eran buenas chicas que ni lo pensaron. Cinco o seis de ellas comenzaron a salir de un auto. Todas unas monadas. Todas en bikinis y sin toalla. Yo estaba de pie en la puerta del frente cuando se me acercaron, saludándome y sonriendo. Ya sabía que esto podría no terminar demasiado bien.

—Ustedes son las chicas más bonitas que he visto jamás —les dije.

—Gracias —me respondieron en diversos tonos de voz con sus risitas de jovencitas.

—Oigan, no quiero que se ofenda ninguna de ustedes. Todas son chicas hermosas y maravillosas. Aun así, voy a necesitar que se pongan algo sobre los bañadores antes de entrar. Tenemos adentro a un montón de varones adolescentes, así que, ¿pueden correr a su auto ahora mismo para buscar algo que ponerse encima?

Aquel no fue el más feliz de los momentos para ellas. A pesar de eso, todas encontraron alguna otra cosa que ponerse y regresaron donde estaba yo. Las abracé y les di la bienvenida a nuestra casa.

Entonces, algunas veces una mamá se queda de pie en la puerta del frente para recibir una lección.

Una tarde, se nos aparecieron un montón de muchachos. Ese día ya conocía a algunos de ellos, pero había otros que no conocía. Uno de los muchachos nuevos se sentó en una banqueta de la cocina y le comencé a hacer las preguntas de costumbre. *¿Dónde vives? ¿Qué piensas hacer cuando termines el instituto?* Y otras más. Había hablado con este chico durante unos diez minutos y no estoy muy segura de cómo decir lo siguiente. Pensaba: *Los muchachos trajeron a un chico malo a esta casa. Este tipo es arrogante y egoísta, y es probable que esté haciendo cosas malas. No me gusta este muchacho y creo que no debería estar aquí.* Después de nuestra conversación, me carcomía la ansiedad con respecto a ese muchacho. Más tarde les hablé a mis hijos acerca de él y después le conté toda la conversación a mi esposo. Estaba muy segura de sospechar que ese muchacho tenía el potencial de ser una mala influencia, de manera que decidí que había que alejarlo. Mamá Osa estaba exasperada al máximo.

A la mañana siguiente, estuve leyendo mi Biblia y orando, y finalmente mis oraciones se volvieron hacia el recuerdo del muchacho sospechoso. Cuando me preparaba para pedirle a Dios su protección, hubo algo que se quebrantó en mi espíritu. Era como si pudiera oír que el Señor me preguntaba: *Ángela, ¿a la casa de quién quieres que lo envíe? ¿A dónde es que me sugieres que envíe a ese muchacho para que oiga hablar de Jesús?*

Me quedé pasmada. Y callada. *Aquí*, terminé respondiendo. *Señor, perdóname, por favor. Envíalo aquí. Le hablaremos de Jesús.*

Mi siguiente conversación fue con mis hijos varones. Humillada por Dios, solo pude comenzar con: «Muchachos, perdonen. Lo siento». Después les expliqué lo que me sucedió mientras oraba. Y lo que sentía que me decía Dios. Les dije que trajeran de nuevo al muchacho. Este era el lugar donde conocería a Jesús.

Un hijo necesita que su mamá vaya a la puerta del frente para recibir a sus amigos y protegerlo a él de las tonterías... y también algunas veces ella va a la puerta del frente para aprender.

29

Un hijo necesita que su mamá
Sea su defensora

Al pasar Jesús, vio a un hombre ciego de nacimiento. Y sus discípulos le preguntaron, diciendo: Rabí, ¿quién pecó, éste o sus padres, para que naciera ciego? Jesús respondió: Ni éste pecó, ni sus padres; sino que está ciego para que las obras de Dios se manifiesten en él.

Juan 9:1-3

Todas las mamás tienen el llamado a ser campeonas en defender a sus hijos. Con una mano, la mamá defensora mantiene una firme comprensión de la realidad. Ve la realidad de las limitaciones y las luchas de su hijo, y no corre a esconderse de las necesidades que él tiene. Con la otra mano, la mamá defensora pone esperanza en un poder absoluto. Buscando siempre el bien de su hijo. Creyendo siempre en su potencial. Orando siempre por lo mejor para él.

Desde el momento en que comencé a orar por este libro, tuve en mente a mi amiga Carla. Y no solo a Carla. También están mi cuñada, Jodi, y nuestro sobrino de once años de edad, Cole. Mi amiga Amy de Texas y su hijo, Jack. Son muchas las mujeres especiales de mi vida que asumen el papel de mamá defensora hasta una profundidad de compromiso que nunca he conocido. Cada una es una mamá con hijos varones que tienen necesidades especiales. Y son de veras mis mamás héroes.

En el octavo grado, Carla era la preciosa jovencita nueva de nuestra escuela. No estoy muy segura de lo que pasó ese año, pero de alguna manera la chica nueva y la chica rara nos hicimos grandes amigas. Desde entonces hasta que nos graduamos del instituto, Carla era la compañera que compartía el auto conmigo y la mejor animadora que puede tener una joven. Entonces, hace cinco años, Dios me devolvió a Carla. Después de treinta años, nos sentamos a conversar como si nada hubiera cambiado. Sin embargo, eran muchas las cosas que habían cambiado para ambas. Las dos éramos mamás. Las dos fuimos mamás solteras llenas de batallas y de sufrimiento. Con todo, el cambio más profundo se produjo cuando un diagnóstico alteró para siempre la vida de Carla. Nick, su hijo mayor, era autista.

Nick tiene ahora veinticinco años y se graduó de Biología con honores en la universidad. Debido a sus propias batallas, es probable que Nick no sepa hasta que llegue al cielo la clase de mujer que Dios escogió para que fuera su mamá. Yo no he conocido nunca en mi vida a una mamá más entregada. Carla se convirtió en la defensora de Nick antes que nadie supiera lo que es una mamá defensora. Durante veinticinco años ha luchado, llorado y orado para abrirle paso a su hijo en este mundo. Estoy muy orgullosa de que sea quien es y por eso quiero presentártela a ti. Carla me inspira a ser una mamá mejor. Espero que te inspire a ti también.

Carla, ¿cuándo notaste en Nick algo que no era como debía ser?
Para cuando Nick tenía dos años y medio, mi radar de mamá se activó. Al mencionarle algunas de mis preocupaciones a nuestro pediatra, me respondió: «Solo es un niño», y me hizo sentir como una tonta por mencionar esas cosas. En esa época, estaba embarazada y traté de despreocuparme, pero en los siguientes meses todo se volvió mucho más preocupante. Decidí comenzar a anotar mis observaciones y mis preguntas. Cuando le tocaba a Nick el examen médico general, llevé mi lista a la cita, y como si se lo sugirieran, Nick tuvo una crisis en la consulta. Mi lista, junto con la crisis de Nick, al fin bastaron para convencer al pediatra de enviarnos a un especialista.

¿Cómo conseguiste un diagnóstico para Nick?
El jefe de neurología pediátrica en Chapel Hill de la universidad de Carolina del Norte diagnosticó a Nick con TDAH y trastorno generalizado del desarrollo. Un logopeda nos dijo que Nick estaba retrasado en el habla unos dieciocho meses. En el programa de autismo TEACCH [por sus siglas en inglés del Tratamiento y Educación de los Niños Autistas y con Impedimentos Relacionados con la Comunicación] de la universidad de Carolina del Norte fue donde supimos que Nick era autista.

¿Cómo reaccionó tu esposo?
Mi esposo nos apoyó yendo a todas las evaluaciones iniciales y las citas de Nick. También pagó por las terapias que necesitaba, pero eso fue todo.

No podía aceptar que hubiera algo que no funcionara bien en su hijo. Su familia tampoco hizo caso de la discapacidad de Nick. El diagnóstico de Nick no fue la razón para que terminara nuestro matrimonio, pero de seguro desempeñó un notable papel.

¿Qué significa para ti ser una mamá defensora?
Ser una mamá defensora significa nunca darse por vencida, sin importar la cantidad de veces en que la respuesta es un no. Cuando Nick era jovencito, no había tanta información ni tanto acceso a opciones como hoy. No se podían buscar respuestas en la internet con Google. En esencia, me leí cuanto libro pude encontrar y llamé a todos los que pude hallar para hacerles preguntas acerca de la manera de ayudarlo. En realidad, una tiene que ser persistente para aprender todo lo que se pueda acerca de los problemas de nuestro hijo. Desde el preescolar hasta la universidad, es estar en una lucha continua para conseguir los servicios que necesita. Según la situación de tu hijo, ser su defensora es algo que puede continuar después que terminen sus estudios. Tratar de discernir cuáles son sus necesidades como adulto y buscar respuestas con respecto a su futuro. ¿Puede trabajar? ¿Califica para que lo declaren discapacitado? ¿Hay servicios especiales para él en tu ciudad? ¿Dónde va a vivir? Las preguntas para las defensoras nunca terminan.

¿Cuándo dejaste de ser la defensora de Nick?
Como sabrás, una mamá defensora nunca termina su tarea. Aún ahora que Nick ya tiene veinticinco años, trato de discernir lo que es mejor para él. Aún sigo observando lo que es capaz de hacer por sí mismo y cuándo hace falta mi intervención para ayudarlo. Puesto que es un graduado universitario ya adulto, son muy pocos los servicios que están a su alcance, pero esta mamá defensora sigue buscando opciones.

¿Cómo te afectaron a ti en lo personal las luchas de Nick?
Esa pregunta sí que es difícil. No creo saber del todo cómo me afectaron las luchas de Nick, porque pasé muchos años en la modalidad de «sobrevivir y arreglar las cosas». Cada día me levantaba y hacía lo que tenía que hacer. Un día, cuando era pequeño y antes de su diagnóstico, sí creí que me había resquebrajado. Mi esposo trabajaba entre setenta y ochenta horas a la semana, así que siempre estaba sola con nuestros hijos. Tenía un recién nacido que sufría de cólicos y un niño traumatizante de tres

años de edad que tenía autismo y TDAH sin diagnosticar aún. Eso era increíblemente estresante. Una noche, terminé en un rincón acurrucada en el suelo, insensible y meciéndome. Al final, me había resquebrajado. Sin embargo, de alguna manera, a la mañana siguiente me levanté y seguí adelante. Tenía que hacerlo. En algún momento, tuve que desprenderme de todos mis sueños acerca de lo que sería la vida de mi hijo. Aún ahora se me sigue rompiendo el corazón cuando pienso en lo difícil que ha sido la vida para Nick. Sigue siendo duro verlo batallar con unas cosas que son tan sencillas para los demás. Sí creo que Dios hizo a Nick tal como debía ser y justo como Él lo quería. No comprendo la razón, ni tengo por qué comprenderla. Me consuela saber que Dios no comete errores. Dios tiene un plan para Nick y lo ama tal y como es él. Eso me resulta muy asombroso. Nos es difícil cuidar de nosotras mismas cuando nuestro hijo necesita tanto cuidado y en especial cuando se es joven. No obstante, sí es necesario que nos cuidemos a nosotras mismas. Tenemos que descansar de la situación para poder recuperar fuerzas, de modo que sigamos adelante tratando de ser las mejores mamás que podemos ser. También nos es difícil dejar que otras personas nos ayuden, pero lo necesitamos. A veces nos sentimos como que nadie puede cuidar de nuestro hijo como nosotras. Es probable que esto sea cierto, pero al mismo tiempo tenemos necesidad de tomarnos un descanso y recibir con gratitud esas manos extras que acuden a ayudarnos de vez en cuando.

Si solo pudieras dar un consejo, ¿cuál sería?
Mi consejo a las madres defensoras es que nunca se den por vencidas. Tanto si tu hijo tiene o no algunas necesidades especiales, no dimitas. Pase lo que pase. Escucha a tus entrañas porque allí es donde Dios te dice de qué manera le debes prestar atención a tu hijo. Sigue empujando hasta encontrar una forma de satisfacer sus necesidades. No dejes que nadie te aleje de lo que tú sabes que es lo mejor para él.

30

Un hijo necesita que su mamá

Lo obligue a hacer unas cuantas cosas que preferiría no hacer

Hagan todo sin quejarse y sin discutir, para que nadie pueda criticarlos. Lleven una vida limpia e inocente como corresponde a hijos de Dios y brillen como luces radiantes en un mundo lleno de gente perversa y corrupta.

Filipenses 2:14-15, NTV

Mis hijos varones ya han estado en más conferencias de mujeres que cuantas se le debería exigir a hombre alguno en toda su vida. Han tenido que esperar con paciencia tras las mesas de los libros. Encontrarse con más damas de esas que aprietan mejillas más veces de las que pueden contar. Y a decir verdad, es probable que hayan tenido momentos en que se vieran obligados a sonreír y decir unas palabras corteses cuando todo lo que hubieran querido hacer en realidad era salir corriendo afuera para darle patadas a una pelota. Con un montón de muchachos. En un campo de tierra.

Y he aquí la verdad: No he sentido ni la más mínima compasión por ninguno de los dos en cuanto a todas las reuniones de mujeres a las que han tenido que ir. Es más, me parece que es bueno que los muchachos hagan unas cuantas cosas que no quieren hacer. Esa lección se llama: *Bienvenido a tu vida futura*. Un día, agradecerán que su mamá les hiciera practicar la obediencia, ser corteses e ir con ropa limpia a las reuniones. Y en cuanto al amor, no es que los haya arrastrado todos los fines de semana a una cantina. Hemos estado con el Señor. Y con sus damas divertidas, lloronas y medio locas.

Cuando los niños tenían ocho y diez años, me invitaron a hablarles a las damas de la Primera Iglesia Bautista de Atlanta. Era una reunión nocturna de Navidad. Por alguna razón, las niñas hacían otras cosas y solo los niños viajaron conmigo esa noche. Cuando llegamos a la iglesia, el salón donde nos íbamos a reunir estaba adornado para la Navidad, todo titilante y encantador. Sin embargo, el arreglo del salón era un poco fuera de lo común. La mesa de los libros estaba en el frente, cerca de la plataforma. Desde donde yo iba a estar enseñando, a mi derecha misma, había una mesa cubierta donde se amontonaron mis libros en pilas.

Los niños estuvieron jugando y corriendo por todas partes hasta que fue casi la hora de comenzar la reunión. La iglesia me ofreció varias opciones para ellos mientras se celebraba esa reunión. Se podían ir a una habitación cercana para ver un vídeo. También había una chica universitaria que se ofreció para llevarlos al gimnasio. Yo me incliné para preguntarles qué querían hacer.

—Oigan, muchachos, estamos a punto de empezar. Mi intervención solo me tomará alrededor de una hora. ¿Quieren ir a ver un vídeo, jugar en el gimnasio o quedarse sentados en silencio al fondo del salón?

—Nos queremos quedar allí debajo —me propusieron, señalándome hacia la mesa de los libros.

—¿Debajo de la mesa? —les pregunté riendo como si me jugaran una broma—. Tengo que hablar por una hora. Esa mesa está enfrente de todas las damas. Si se quedan debajo de la mesa, se tendrán que quedar allí todo el tiempo. Y tendrán que estar quietos por completo. Y callados.

Me aseguré de que mi respuesta les señalara bien su falta de atención a los detalles.

—Lo sabemos. Pero allí es donde queremos estar.

Aquellos intrigantes levantaron hasta mí sus tiernos ojos de cachorros.

—¿Qué van a hacer ustedes allí quietos como estatuas debajo de una mesa durante toda una hora?

Se me estaba acabando el tiempo y necesitaba convencer con toda rapidez a dos niños pequeños de que su idea era desastrosa en potencia.

—Trajimos nuestros Game Boys y les vamos a quitar todo el sonido.

En ese momento me di cuenta de que su proposición de quedarse debajo de la mesa la planificaron con tiempo. Mis estrategas estaban preparados para todas las objeciones de su madre.

Ahora que lo recuerdo, todavía no puedo creer lo que les dije después:

—Muy bien, vamos. Estamos a punto de comenzar y yo tengo que meterlos por debajo del mantel.

Así que puse dos felices almejas debajo de la mesa de los libros frente a la plataforma. Comprobé que les quitaran de veras el sonido a sus juegos. Los besé en sus torpes cabezas y me dirigí a mi asiento. Durante la siguiente hora, o más, estuve observando la mesa de reojo, esperando ver en algún momento que toda aquella cosa salía despedida y dos niños venían corriendo hacia mí en medio de una riña. Así fue que hablé. Y oré después. Y, al final, dije: «Amén».

Abrí los ojos y miré hacia la mesa. No se movía nada. *Ah, seguro que se quedaron dormidos.* Por fin, abriéndome paso entre las damas, me incliné para levantar el mantel que cubría la mesa y allí estaban dos de las caras más felices y sonrientes que hayas visto jamás. No se durmieron en absoluto. Una larga mirada a sus ojos y me habría podido derretir allí mismo donde estaba. Sentía con gran intensidad mi amor por ellos. El gozo de ser su mamá era casi más de lo que podía contener mi corazón.

«Ustedes son asombrosos», les dije con toda sinceridad. «¿Estaban a punto de volverse locos aquí debajo esperando a que yo terminara de hablar?».

«Mamá, nos divertimos muchísimo», me contestó el equipo de debate de mis dos hombres que estaban encantados porque acababan de probar que su gran idea funcionaba.

A través de los años, mis muchachos han tenido una gran cantidad de oportunidades de sobrevivir creativamente a otro lugar o situación que exigía obediencia ante la posibilidad de un gran aburrimiento. No siempre han sido tan creativos y muchas veces estoy segura de que se han aburrido hasta llorar. He tratado de ser bondadosa, comprensiva y agradecida con ellos. Los recompensaba con algo como «un baño en la piscina del hotel cuando termine la reunión». Sin embargo, también he tratado de enseñarles que el aburrimiento forma parte del viaje. No está mal aburrirse de vez en cuando.

Algunos días solo tienes que hacer lo que se te exige. Tal vez sea aburrido. O no sea donde tú quieres estar. Y no se parece en nada a lo que preferirías hacer. En cambio, hay ocasiones en que lo que quieres no importa.

Somos una familia y vivimos juntos esta vida. Hacemos sacrificios unos por otros, y lo queremos hacer con respeto. Nos apoyamos los unos a los otros y nos manifestamos unos por otros. Lo que hace falta para ser familia es que ninguno de nosotros va a estar haciendo siempre lo que más le interesa. Algunas veces, cuando hagas justo lo adecuado, te vas a aburrir. Y así van a ser las cosas por el resto de tu vida.

Si pueden aprender a encontrar gozo aun en esos momentos, van a ser bendecidos. Lo que es mejor, sus vidas se convertirán en bendiciones para otros.

Mi nueva mamá amiga, no te dejes engañar. Nuestros hijos necesitan que su mamá les enseñe cómo hacer cosas que hubieran preferido no hacer. No con una obediencia gruñona y resentida, sino con gracia. Como casi todo lo que importa de verdad, esta práctica comienza por mí misma. Cuando me causan molestias y las recibo con gracia, ellos lo notan. Cuando estoy aburrida pero sigo siendo amable, allí sentada todo el tiempo que duren las prácticas de bateo, ellos lo sienten.

Vamos a mostrarles con nuestra gracia de qué manera deben dar de su tiempo y su paciencia. Esta poderosa lección les servirá para toda la vida.

31

Un hijo necesita que su mamá

Le muestre la verdad acerca de los reconocimientos

Por la gracia que se me ha dado, les digo a todos ustedes: Nadie tenga un concepto de sí más alto que el que debe tener, sino más bien piense de sí mismo con moderación, según la medida de fe que Dios le haya dado.

Romanos 12:3, NVI®

Nuestra familia está justo en el medio de tres estudiantes seguidos del último año del instituto. El año pasado fue Storm. Este año es el turno de William. Y el año que viene será nuestra gran final con la graduación de AnnaGrace del instituto. Señor, ten misericordia.

Alrededor de esta época del año, se nominan los estudiantes y se vota. Cuando se cuentan los votos, la clase que se va a graduar anuncia a bombo y platillo sus altos premios de los mejores graduandos en su línea. Los recuerdas, ¿no es cierto? El que es más probable que... El mejor en todo aspecto... El mayor... Estos premios son divertidos, algo así como una palmadita en la espalda por parte de tu clase.

Al igual que tus hijos, todos mis chicos han estado recibiendo altos premios desde el preescolar. Yo tengo cajas y cajas etiquetadas con el nombre de cada uno, llenas de papeles y alfileres de premios, recortes de periódico, programas de música, cartas de deportes, certificados académicos y mucho más. Es posible que tengamos algún tipo de reconocimiento para casi todas las pequeñas cosas que han hecho en toda su vida. Mi ático puede dar testimonio de esto.

Este es el último año de William en el instituto, así que me estoy enfocando de manera deliberada en él durante estos días. La gente ha llegado a conocer a William de muchas maneras. Él es William, el chico inteligente; William, el jugador de fútbol; o William el tipo divertido. Y además de todas esas cosas por las que ya le conocen, este año terminará con todos esos premios, los altos premios de los mejores graduandos en su línea, sus premios académicos, sus premios al servicio y sus premios atléticos. Entonces, se graduará con todos esos papeles, títulos, certificados y demás cosas, lo pondrá todo en una caja en el ático y saldrá rumbo a la universidad.

Trato de estar atenta mientras va pasando este año porque por mucho que me encante celebrar, no quiero que William se marche en auto a alguna universidad el año que viene creyendo que es la suma de todas las cosas que contienen esas cajas. Las cajas están llenas de recuerdos de lo que ha hecho. Esos papeles no son su identidad. Esas estrellas doradas, esos diplomas y esos premios son sus logros. Sin embargo, William es mucho más que las cosas que ha hecho.

Necesito que mi hijo entienda la verdad acerca de los altos premios. Esos son unos elogios que se ha ganado. Los altos premios, con toda su gloria, se convertirán un día en su currículum vítae de la universidad y tal vez un día se conviertan incluso en tu nota de prensa. No quiero que William menosprecie lo que es capaz de hacer con la vida que le ha dado Dios. Aun así, tampoco quiero que se confunda. *Lo que hace* y *lo que es* son dos cosas diferentes.

El año que viene, más o menos por esta época, William estará sentado en una habitación estudiantil en algún lugar. Los muchachos de su residencia no le serán conocidos. Las cajas que contienen sus premios seguirán acumulando polvo en el ático. Nadie sabrá lo listo que es, ni lo bien dotado, ni lo locamente divertido. Si su identidad se basa en el pasado, en lo que la gente sabe de él o de sus circunstancias, la soledad de esa habitación estudiantil solo será el comienzo de más desilusiones futuras. Cuando todo lo que se tiene es lo que uno hace, es necesario dar a conocer sus logros con el fin de ser alguien. Entonces, ¿qué pasa si nadie ve lo que haces, lo estupendo que eres o lo que vale tu trabajo? ¿Y si fracasan tus planes, cometes errores o tu cuerpo se quebranta?

Si nadie ve o si tú ya no puedes *hacer*, ¿qué eres tú?

Eres un hombre con una identidad equivocada. Confundido. Desilusionado. Perdido.

Mi pastor, Don Miller, dice que debemos basar nuestra identidad en lo que no puede cambiar ni va a cambiar. Dice que demasiadas personas piensan:

Lo que hago determina lo que soy.
Sin embargo, la Biblia enseña:
Lo que soy determina lo que hago.
La persona que no conoce a Jesús,
Hace para poder ser.
La persona que sigue a Jesús,
Hace por ser quien es.

Les debemos enseñar a nuestros hijos varones su verdadera identidad, a fin de que puedan vivir en la fortaleza que da Cristo. La gloria de sus reconocimientos se desvanecerá, pero su esperanza en Cristo no puede desaparecer.

Enséñale a tu hijo cuál es su identidad según la Biblia. Muéstrale lo que es edificar una vida basada en su identidad en Cristo. Tengo la esperanza de que estas afirmaciones hechas por Neil Anderson te sean útiles y te guíen.

Según la Biblia, si eres cristiano, estas declaraciones son ciertas con respecto a ti*.

Soy aceptado...

Juan 1:12: Soy hijo de Dios.
Juan 15:15: Como discípulo, soy amigo de Jesucristo.
Romanos 5:1: Soy justificado.
1 Corintios 6:17: Estoy unido con el Señor y soy uno con Él en espíritu.
1 Corintios 6:19-20: Me compraron a un precio y le pertenezco a Dios.
1 Corintios 12:27: Soy un miembro del cuerpo de Cristo.
Efesios 1:3-8: Dios me escogió y me adoptó como su hijo.
Colosenses 1:13-14: Soy redimido y me perdonaron todos mis pecados.
Colosenses 2:9-10: Estoy completo en Cristo.
Hebreos 4:14-16: Tengo acceso directo al trono de la gracia por medio de Jesucristo.

Estoy seguro...

Romanos 8:1-2: Soy libre de condenación.

Romanos 8:28: Estoy seguro de que Dios obra para mi bien en todas las circunstancias.
Romanos 8:31-39: Soy libre de cualquier acusación que venga contra mí y no me pueden separar del amor de Dios.
2 Corintios 1:21-22: Dios me confirmó, ungió y selló.
Colosenses 3:1-4: Estoy escondido con Cristo en Dios.
Filipenses 1:6: Estoy convencido de que Dios perfeccionará la buena obra que comenzó en mí.
Filipenses 3:20: Soy ciudadano del cielo.
2 Timoteo 1:7: No me han dado espíritu de cobardía, sino de poder, de amor y de dominio propio.
1 Juan 5:18: Soy nacido de Dios y el maligno no me puede tocar.

Soy importante...

Juan 15:5: Soy un sarmiento de Jesucristo, la vid verdadera, y un canal de su vida.
Juan 15:16: Me escogieron y llamaron para dar fruto.
1 Corintios 3:16: Soy templo de Dios.
2 Corintios 5:17-21: Soy un ministro de reconciliación para Dios.
Efesios 2:6: Estoy sentado con Jesucristo en los lugares celestiales.
Efesios 2:10: Soy hechura de Dios.
Efesios 3:12: Tengo acceso a Dios con seguridad y confianza.
Filipenses 4:13: Todo lo puedo en Cristo que me fortalece.

---

* Neil Anderson, *«Who I Am in Christ», Freedom in Christ Ministries,* https://www.ficm.org/handy-links/who-i-am-in-christ.

32

Un hijo necesita que su mamá

Sepa qué hacer cuando él tiene miedo

Bendito sea el Dios y Padre de nuestro Señor Jesucristo, Padre de misericordias y Dios de toda consolación, el cual nos consuela en toda tribulación nuestra, para que nosotros podamos consolar a los que están en cualquier aflicción con el consuelo con que nosotros mismos somos consolados por Dios. Porque así como los sufrimientos de Cristo son nuestros en abundancia, así también abunda nuestro consuelo por medio de Cristo.

2 Corintios 1:3-5

William es el tercero de mis hijos. Desde que nació, lo he llamado la fiesta porque dondequiera que va, lleva consigo una fiesta. Tal vez se deba a que ocupa el tercer lugar por orden de nacimiento, pero cualquiera que sea la razón, me siento agradecida porque William es un muchacho sencillo y despreocupado.

Por muchos años, lo llamamos Renacentista porque le encantaban (y todavía le encantan) un gran número de cosas. Cuando era pequeño, se pasaba todo el día en el aula, se quedaba en la escuela para jugar al fútbol y corría al auto con un saxofón tenor en una mano y su bolsa de fútbol en la otra. Desde el asiento trasero, consultaba mi teléfono para ver cómo estaba la bolsa de valores y me decía cuántas acciones de algo debió haber comprado el día anterior.

Sin embargo, hasta los doce o trece años de edad, mi pequeño Renacentista tuvo que luchar con un temor en particular. William tenía miedo a quedarse solo. Ha crecido en una familia grande con mucha gente, de manera que nunca ha tenido que estar solo en realidad. Y tan valiente y tan inteligente como lo ha sido en todo lo demás, nunca olvidaré a mi dulce William diciéndome que estar solo le hacía sentir miedo.

Una mañana, necesité salir para el aeropuerto a eso de las ocho. Los chicos ya no tenían clases y todos se fueron con un amigo excepto William. La noche antes de partir le pregunté, ya sabiendo la respuesta: «¿Quieres dormir hasta tarde mañana por la mañana? ¿O prefieres levantarte e ir con nosotros?». Sin titubear, me dijo que se quería levantar temprano. A decir verdad, no le gustaba estar solo.

Un día, estaba orando acerca de ese temor de William cuando me di cuenta de que mi profundo deseo de amarlo bien es casi insignificante comparado con el amor de nuestro Padre celestial por nosotros. Todo lo que esta mamá caída anhela darle a William como madre, Dios ya lo posee a la perfección y se lo ofrece de manera gratuita a los que lo llaman Padre. Mientras le pedía al Señor que me guiara con respecto al temor de William, estos hermosos pasos de teología me seguían llevando a una altura mayor y reformaban mi corazón.

- Quería amar bien a William cuando él sentía miedo, así que busqué al Señor.
- En la búsqueda, llegué a comprender mucho más del amor de nuestro Padre por nosotros.
- Y cuando supe más acerca de la paciente misericordia de Dios hacia mí, anhelé dar como da Él.

Busqué al Señor para ayudar a William, pero primero, nuestro bondadoso Padre me consoló a mí. La verdad de su carácter alivió mis temores y me quitó mis preocupaciones. Respiré profundo en su presencia. Su prometida paz calmó mi ansioso corazón.

Los siguientes principios son para ti primero. Deja que su verdad te dé paz y elimine tus temores. Luego, date media vuelta y dale a tu hijo la verdad de Dios.

Dios no se enoja conmigo cuando siento temor. Él conoce las limitaciones de nuestra humanidad. Él nos creó con mentes y emociones terrenales. No se enoja cuando acudimos a Él con nuestros temores. La Biblia dice que Dios tiene compasión de nuestras debilidades. Quiere que acudamos a Él.

No me enojo con mi hijo porque él sienta miedo. Es un muchacho, aún no es un hombre, y yo soy su mamá. Mi corazón está repleto de compasión y en él no hay ira, ni burla, ni humillación, ni tampoco pruebas para demostrarle que es fuerte cuando no lo es.

No tengo por qué sentir miedo. Dios está aquí. Las Escrituras dicen que Dios está cerca de los quebrantados de corazón. Nuestro Padre celestial promete darnos el consuelo que sabe que no podemos hallar lejos de Él. Está presente. Es nuestro refugio. Nuestra seguridad. Nuestro escondedero.

Cuando siento que mi hijo tiene miedo, acudo a Dios. William nació como un conejito al que le encantaba acurrucarse. Los abrazos lo hacen sentir seguro. Al igual que Dios corre a consolarme a mí, yo hago lo mismo con mi propio hijo. Dios nunca me hace demostrar que soy fuerte al dejarme a solas con mis temores. Yo tampoco le haría algo así a mi hijo.

No hay nada que pueda hacer para eliminar el amor de Dios por mí. Romanos 8 dice que no hay nada que nos pueda separar jamás del amor de Dios: ni nuestros temores, ni nuestros temblores. Ni siquiera nuestra confusión acerca de las angustias que nos llegan en la vida. No podemos decir: «Dios mío, ¿dónde estás ahora?», y alejarlo con nuestros gritos.

No hay nada que William pueda hacer, ni temor alguno que pueda tener, que haría que lo amara menos. No siempre comprenderé sus temores, ni sus decisiones, ni sus motivaciones. Aun así, como soy una mamá que anhela dar lo que me han dado a mí, no hay nada que mi hijo pueda hacer que me obligue a cambiar mi amor.

De una cosa sí estoy segura: Dios me ve a mí y te ve a ti. Él conoce mis temores antes que los pueda mencionar siquiera. Mientras recibo su consuelo y su descanso para mi alma, tendré el consuelo y el descanso de Dios para mi hijo.

33

Un hijo necesita que su mamá

Traiga a casa a un sudafricano

Sobre todo, ámense los unos a los otros profundamente, porque el amor cubre multitud de pecados. Practiquen la hospitalidad entre ustedes sin quejarse.

1 Pedro 4:8-9, NVI®

En el instituto, el nombre de nuestra familia lo añadieron a la lista de familias relacionadas con el fútbol, y temprano en un día de verano nos llegó un correo electrónico. El entrenador de la escuela escribió para pedir dos familias anfitrionas para el otoño. Hacía planes para la llegada de dos nuevos estudiantes extranjeros. Ambos se unirían al equipo.

Leí ese mensaje y pensé: *Me encanta que nuestro entrenador traiga a esos muchachos a nuestra escuela. Es estupendo que estemos ahora en la familia del fútbol y sepamos lo que está pasando, pero no, nosotros no podemos alojar a nadie en nuestro hogar*. Borra eso.

Unas dos semanas más tarde, nos llegó una versión diferente del mismo correo. *Sí, sigue siendo imposible para nosotros*. Borra eso.

Al cabo de unas semanas, el entrenador llamó a William por teléfono. Él bajó las escaleras y me dijo: «Mamá, el entrenador quiere saber si nuestra familia puede alojar a uno de los estudiantes extranjeros».

«Bebé, no creo que podamos. Tú sabes que tu abuela está enferma. Yo no estoy segura si voy a necesitar pasar más tiempo con ella o andar de aquí para allá. Este año no, cariño. Tal vez el año que viene».

Unos días más tarde, nos llegó de nuevo el mismo correo, pero esta vez era mucho más urgente. Dos muchachos estaban en camino. *De veras que no podemos en realidad. Por tercera vez, no*. Borra eso.

Esa noche durante la cena, llegó el tercer correo y todos hablamos de nuevo al respecto. Los muchachos comprendieron nuestro dilema. Nuestra familia no tenía manera de poder comprometerse con recibir a uno de los chicos. Nosotros no le podríamos dar toda nuestra atención.

Teníamos una lista muy larga de razones lógicas y legítimas por la que ese no era un buen momento para ser una familia anfitriona.

Cuando Scott y yo llegamos a nuestra habitación esa noche, uno de nosotros dijo: «Supongo que podría dormir en el cuarto extra. Cuando mis padres estén en la ciudad, todavía tendrán el cuarto de huéspedes». Y así comenzó la conversación. Para cuando nos dormimos, ya habíamos decidido echar a un lado nuestra lista de buenas razones, rendirnos ante aquel agobio y hacer algo que no tenía ningún sentido en absoluto. *Muy bien, ya está. ¡Dios mío! Tomaremos uno.*

Al día siguiente, Scott llamó al entrenador y le dijo: «Tomaremos uno». El entrenador le dijo que nos daría el muchacho procedente de Sudáfrica. Se llamaba Storm [tormenta]. Cuando Scott colgó el teléfono y me dio la noticia, le dije: «Llama otra vez al entrenador y pregúntale si tiene algún otro muchacho. Pregúntale si hay otro que tenga un nombre diferente. Tal vez tenga uno que se llame Peace. No necesito una tormenta en mi casa», gemí.

Al día siguiente, atravesamos en el auto la ciudad para recoger a nuestro nuevo hijo, Storm.

No planeamos enamorarnos de él, pero lo hicimos.

Tampoco planeamos colgar en nuestra pared su foto de alumno del último año, pero allí está.

La mamá de Storm falleció cuando él era pequeño y lo recibimos a los diecisiete años. En ese tiempo, medía alrededor de dos metros y puro músculo de fútbol.

Después de vivir con nosotros unas seis semanas, entró a la cocina y dijo con su acento británico:

—Me siento extraño llamándote Ángela.

—Bueno, cariño, ¿cómo me quieres llamar?

Hizo una larga pausa.

—Mamá.

Bueno —mi turno para la pausa—, ¿por qué no lo intentas para ver cómo lo sientes?

Ayer, el texto que me envió decía: *Te amo, mamá.* Con todo lo que teníamos entre manos en esos momentos, no sabía que había más lugar para él en mi corazón, pero sí lo había. Amo a Storm también.

El entrenador nos pidió que hospedáramos a Storm durante seis meses. Este próximo verano hará tres años desde que me convertí en una mamá africana. Él ya no vive aquí todos los días. En el otoño, Scott y yo lo llevamos en auto hasta Nueva York para que comenzara la universidad. Está jugando fútbol allí, así que vemos sus juegos por la internet y le enviamos mensajes de texto casi todos los días, así como paquetes con golosinas y regalos, y nos aseguramos de que vaya para que le inyecten la vacuna contra la influenza. Las cosas normales que hace una familia.

Lo cierto era que no teníamos lugar en nuestra vida para acoger a un muchacho adolescente más. Dios casi tuvo que echar abajo la puerta para llevar a ese jovencito a nuestro hogar. Entonces, alrededor de un mes después de la llegada de Storm, mis padres se mudaron con nosotros. Ellos también se enamoraron de él. Cuando mi mamá se fue al cielo, papá le pidió a Storm que se uniera a los otros nietos varones para cargar el féretro.

Fueron unos años un tanto locos con nuestro Storm. Nuestra familia está mejor por esto y mi oración es para que él lo esté también.

Tal vez tú no tengas lugar en tu casa o en tu corazón para recibir a un estudiante del extranjero. Créeme que te entiendo muy bien. En los dos veranos pasados, pasé una buena cantidad de correos electrónicos tratando de convencer a otras familias para que hospedaran a un jugador universitario de fútbol durante una semana. Este año, una mamá me dijo: «Temía recibir en nuestro hogar a alguien desconocido, pero al cabo de la semana lloré porque se tenía que marchar. El año que viene, puedes contar conmigo para cuantos quepan en mi casa».

Como cristianos, creemos que todo lo que hemos recibido es para compartirlo, en especial con la familia de Dios. Si eres como nosotros, el momento nunca te parecerá oportuno. No tendrás el dinero extra que necesitarás, ni camas, ni la energía que te agradaría tener. Has leído tantas cosas horribles que tal parece que lo mejor es que cierres bien las puertas y no dejes entrar desconocidos.

Basados en nuestra travesía de estos últimos años, el consejo que te puedo dar es este: No esperes a que Dios te eche abajo la puerta. La hospitalidad que le ofrezcas a un desconocido será una bendición, pero los dones que recibirán tu hijo y tu familia serán incalculables.

34

Un hijo necesita que su mamá

Le enseñe a brillar en la oscuridad

Hagan brillar su luz delante de todos, para que ellos puedan ver las buenas obras de ustedes y alaben al Padre que está en el cielo.

Mateo 5:16, NVI®

Hace unos veinte minutos, mi hijo Grayson entró como un bólido por la puerta trasera después de sus clases.

—¡Mamá! —me gritó.

—Estoy aquí, cariño —le grité desde la silla donde escribía—. ¿Cómo estuvo hoy la escuela?

Él dobló una esquina y vino hacia mí, y sin tener la menor idea de lo que yo había estado haciendo todo el día, solo me dijo esto:

—La escuela estuvo bien, mamá, pero tienes que saber que es difícil ser luz en esa escuela. Y lo digo en serio. Día tras día, me veo rodeado por completo de oscuridad. No hay forma de que llegue a ser allí suficiente luz.

—Grayson, ¿sabes lo que he estado haciendo aquí sentada?

—No.

—He estado escribiendo acerca de nuestro llamado a ser la luz de Dios en medio de las tinieblas.

—¡No me digas!

—¡Así es!

Entonces, Grayson me dijo que no se siente desalentado en lo personal por ser una de las pocas luces de Jesús en esa escuela. Su frustración es que a nadie parece importarle. Los otros estudiantes ven su luz. La respetan. Hasta le han puesto dos apodos: *Jesús* y *Rayo de Sol* (le dije que me encantaría cualquiera de los dos). Sin embargo, Grayson no ve que esté cambiando nada. Día tras día se presenta llevando la luz de Cristo y las tinieblas nunca parecen moverse siquiera.

Grayson escogió a propósito un instituto donde pudiera llevar a Cristo la mayor cantidad posible de muchachos. Al final del décimo grado, estaba espiritualmente listo para estar allí y nunca titubeé ni un instante acerca de su decisión. En cambio, pensaba que su misión era mayor de lo que él se habría podido imaginar en esos momentos.

Después de su penúltimo año y su cansancio por brillar, le preguntamos si le gustaría trasladarse a otra escuela para terminar su último año. Solo lo pensó un minuto y dijo: «Me encantaría trasladarme el año que viene. Conozco a muchos estudiantes de la otra escuela y algunos de los profesores. Sería estupendo estar en la misma escuela que mi hermano y mi hermana. Aun así, no creo que eso sea lo que debo hacer. Por duro que resulten algunos días, siento que tengo el llamado a la escuela que asisto».

Esa tarde en mi estudio, traté de darle aliento a su cansado corazón. Le dije algo como esto:

«Tenemos el llamado a ser obedientes. Resplandecemos en un lugar porque Dios nos lo encomendó. Grayson, hasta el día de tu graduación, Él te asignó a esa escuela, esos profesores y los miles de estudiantes que asisten allí. Tu única responsabilidad es la de reflejarles lo que Dios ha hecho por ti. Haz eso con tu voz. Con las palabras que escojas. Con tu ética de trabajo. Con tu sonrisa. Con tu corazón de siervo. Con tu compasión y tu gracia. Bebé, vete para allá todas las mañanas y resplandece como el mismo sol.

»Dios envió a su Espíritu Santo para que se haga cargo del cambio. Tú estás sembrando semillas en los corazones de esos jóvenes de ambos sexos. Estás hablando de manera radical y amable las verdades de las Escrituras, con valentía para decir por qué actúas como lo haces y quién es el Señor de tu vida. Esa es tu misión. El Espíritu Santo se ocupará del resto. Tú no puedes poner a toda la escuela en una santa llave estranguladora hasta que griten "¡Jesús!".

»Tal vez nunca sepas cuánta gente recordará un día tu luz y el nombre de Jesús, y permita por fin que el Dios del cielo la libere. Sin embargo, esa no es tu tarea. Se supone que brilles en sus tinieblas. Dios los ama mucho más que tú y Él seguirá llegando a ellos con su luz radiante para que vean todos los que tengan ojos».

Las mamás pedimos en nuestras oraciones que nuestros hijos varones estén listos un día para llevar la luz de Cristo a ese mundo en tinieblas, no para quedar relegados en algún rincón, solitarios y sosteniendo una pequeña llamita, sino entrando a las tinieblas con la luz en su interior, brillando con gran resplandor para que la vea todo el mundo. Jesús dijo que nuestra misión se parece a esto:

> Ustedes son la luz del mundo. Una ciudad en lo alto de una colina no puede esconderse. Ni se enciende una lámpara para cubrirla con un cajón. Por el contrario, se pone en la repisa para que alumbre a todos los que están en la casa. Hagan brillar su luz delante de todos, para que ellos puedan ver las buenas obras de ustedes y alaben al Padre que está en el cielo (Mateo 5:14-16, NVI®).

Serás intencional desde el día en que nazca tu hijo al...

- orar para que él invite a la luz de Cristo para que arda resplandeciente en su interior.
- orar para que él se enamore con pasión de su Salvador.
- hablarle acerca de este mundo usando palabras valientes y compasivas.
- enseñarle que Jesús es nuestra esperanza de modo que no tengamos que vivir en el temor.
- recordarle que no está solo. Pertenece a tu familia. Pertenece a la familia de Dios.
- enseñarle los caminos de Dios. Aun en las tinieblas, Dios está allí. Dios obra en lo invisible. Entre bastidores. En lo profundo de los lugares ocultos del corazón.
- explicarle que cuando Dios envía a un creyente a las tinieblas, Él es quien obra.

De seguro que enseñarles a nuestros hijos varones a resplandecer en medio de las tinieblas exigirá más sabiduría de la que tenemos tú y yo. A fin de darles lo que se nos ha dado, debemos recordar este principio. La luz de Cristo en nosotros aumenta con la cercanía de Dios. Debemos permanecer con Jesús. Permanece con Jesús.

Dios permita que Él se glorifique en nosotros. Déjalo brillar, bebé. Déjalo brillar.

35

Un hijo necesita que su mamá

Lo lleve a dar un Viaje de los Diez

Este es el día que el Señor ha hecho;
regocijémonos y alegrémonos en él.

Salmo 118:24

La idea me vino cuando mi hija mayor, Taylor, tenía nueve años de edad. Me enteré de esto con una amiga de otra amiga que llevó a uno de sus hijos a un viaje especial cuando tenía unos diez años. Taylor iba a cumplir los diez años y la idea de esa mamá me parecía algo que debíamos hacer.

La única forma de hacer realidad esa idea era que todos mis hijos la aceptaran como «El viaje de los diez». *Taylor será la primera en ir porque es la primera que cumplirá los diez años, pero a cada uno de ustedes le llegará su turno.* A todos les entusiasmó y hasta parecieron alegrarse cuando Taylor y yo nos marchamos rumbo a Chicago para su Viaje de los Diez.

Cuatro años más tarde, Grayson fue el que cumplió diez años. Ya para entonces, yo era madre soltera y vivía con más estrecheces en nuestra economía que cuanto he vivido en todo el resto de la vida. Tenía la esperanza de que se le olvidara. Las palabras del vocabulario sí las olvidan. Y olvidan dónde dejaron su mochila de la escuela. Sin embargo, ¿el Viaje de los Diez? En todos esos cuatro años ninguno de ellos olvidó esa promesa.

Grayson tenía verdaderos deseos de ir a California para su Viaje de los Diez, así que esta mamá tuvo que ponerse a sacar cuentas. Mientras tanto, su intrigante hermanito, William, le habló en secreto a Grayson para proponerle un plan: «Si me llevas en tu Viaje de los Diez, yo te voy a llevar en el mío. Vamos a decirle a mamá que llegamos a un acuerdo». Una noche, cuando vinieron para hablarme de su acuerdo, todo aquello me pareció muy encantador. No les dije que sí, pero tampoco les dije que no.

¿Ya puedes escuchar a la gracia obrando con suavidad detrás de esta historia?

No estoy segura de cómo fue que encontré unos pasajes de avión de ida y vuelta de una costa a la otra hasta Los Ángeles por doscientos dólares cada uno, pero lo logré. Ni siquiera me puedo acordar del nombre del que nos dio tres entradas al juego de baloncesto entre los Lakers y los Bulls, pero todavía le estoy agradecida. Yo tenía una especie de cupón para unos pases de un día a Disneylandia, así que nos fuimos. Mi querida amiga Nicole nos invitó a dormir en su condominio, así que nos quedamos allí. Mis amigos Dennis y Karen nos llevaron a comer hamburguesas al restaurante In-N-Out y a las cajas de bateo. Cuando llegó la hora de volar de vuelta a casa, el Viaje de los Diez de Grayson se había convertido en la aventura más maravillosa que habíamos tenido. Hasta el día de hoy, nunca he vuelto a volar ida y vuelta a Los Ángeles por doscientos dólares. Y sí, esos vuelos poco costosos sellaron el trato para mi taimado polizón. El Viaje de los Diez de Grayson (con William) pasó a los libros de historia como uno de los mejores días de la vida de ambos.

Ya habíamos dado dos Viajes de los Diez y aún nos quedaban dos más.

Es probable que William tuviera unos cuatro años cuando yo hice la promesa de los Viajes de los Diez, y creo que ese mismo día fue cuando él eligió a la ciudad de Nueva York como su punto de destino. Al menos, sabía dónde íbamos a ir. Después del milagro del viaje de Grayson, estaba decidida a mantenerles mi promesa a los otros. Con dos años antes del siguiente viaje, comencé a ahorrar millas, puntos y dólares. Todo lo que nos pudiera ayudar para llegar al siguiente viaje.

En mi vida diaria, raras veces le pido algo a alguien. En realidad, hago casi todo lo que puedo por evitar el pedir ayuda. En cambio, con estos Viajes de los Diez es asombroso lo que una mamá está dispuesta a hacer. He pedido cuanto favor he podido para esos viajes. He hecho contacto con personas desconocidas y les he relatado nuestra historia. Y todo ese tiempo, he fingido ser más valiente de lo que llegaré a ser jamás en realidad. Es asombroso lo que sucede cuando una mamá decide que se debe hacer algo. Se levanta. Trepa. Se mantiene arriba. Sigue subiendo. ¡Nadie puede interferir cuando se trata de una mamá con una misión!

Llevada por la gracia y llena de una firme decisión, esta mamá soltera volvió a reunir todas las piezas otra vez. El Viaje de los Diez de William (con Grayson) fue otro dulce milagro que incluyó un juego de béisbol de los Yankees, un cuarto de rascacielos en un hotel de Times Square y la mayor copa de helado de todo el planeta.

Cuando me di cuenta lo que esos viajes le daban a cada uno de mis hijos, brotó en mí algo que seguía tratando de que volvieran a suceder. Para cada uno de mis hijos, su Viaje de los Diez era la cosa más especial que sucedía en sus diez cortos años de vida. Ninguno de ellos había estado antes en la ciudad que escogían para su Viaje de los Diez, y fue mi gozo total y mi privilegio presentarles otro lugar de este mundo.

Las lecciones que aprendimos viajando y explorando juntos fueron mucho mayores de lo que había esperado jamás. Después que llevábamos en Chicago poco menos de un día, Taylor me preguntó: «Mamá, ¿por qué le estás dando dinero siempre a la gente?». Me di cuenta de que mis hijos nunca habían estado en ningún lugar donde se esperaba que diéramos propina. No comprendían por qué estaba dando a menudo un dólar por aquí. Dos dólares por allá. El taxista. El portero. El botones. A mí me encantaba decirles que las propinas eran más que un regalo. Cuando comprendieron que así era la manera en que esas personas se ganaban la vida y alimentaban a su familia, los atrapaba vigilándome para asegurarse de que les diéramos suficiente dinero.

En Nueva York, no estaba segura de si a mis hijos les iba a interesar ver un espectáculo de Broadway, así que compré entradas para la producción fuera de Broadway llamada *Grupo del hombre azul.* Esa tarde, me estuvieron haciendo toda clase de preguntas:

—*¿Cómo va a ser eso?*

—En realidad, no estoy muy segura. Nunca la he visto.

—*¿Cuánto vamos a tener que estar sentados en el teatro?*

—Creo que unas dos horas.

Me pregunté si no habría cometido un error.

No obstante, desde el primer momento en que un hombre azul comenzó a golpear un gran tambor, los dos se quedaron clavados en el borde de sus asientos. El espectáculo pasó con rapidez y, antes de que nos diéramos cuenta, estábamos de pie en el vestíbulo tomando fotografías con tres hombres pintados de azul de arriba abajo. Apenas salimos por la puerta del teatro, me suplicaron que querían ver otro espectáculo. En ese viaje ya no teníamos tiempo, pero su aprecio por una producción en vivo comenzó esa noche. Y a mí me encantó haber estado a su lado para vivir todo eso.

No te cuento nuestras historias del Viaje de los Diez para que sientas una extraña presión que te lleve a añadir una cosa más a tu vida. En cambio, tengo la esperanza de que te sientas inspirada a reflexionar en las formas en que vas a introducir a tu hijo a cosas que son mayores que él. Tal vez tu aventura incluya un viaje. O quizá sean estudios, servicio, mascotas, naturaleza, artes manuales, música o lo que tu corazón le oiga decir a Dios.

También espero que escucharas estas historias de una forma que le dé la gloria a Dios. Creo que fue su gracia la que me dio el valor necesario para soñar en unas aventuras capaces de moldear la vida, cuando la realidad me parecía tan lejana. Su gracia me hizo sentir humilde y me enseñó a pedir ayuda.

Tal vez un día lleves a tu hijo a su Viaje de los Diez. O quizá toda tu familia decida correr junta una aventura por diferentes caminos y con metas distintas. Hagas lo que hagas, espero que sueñes cosas grandes, más grandes que todos ustedes, y después ahorren, pidan prestado y pidan favores hasta que encuentres una forma de ir juntos a esas aventuras.

Un último punto de información. Prepárate para los buenos vendedores que haya entre ustedes. Lo que comenzó como la promesa de un viaje para cada uno de mis hijos cuando cumpliera los diez años, terminó convirtiéndose en un viaje por cada uno de ellos y tres para William. Cuando le llegó el turno al Viaje de los Diez de AnnaGrace, ese chiquillo ya se había abierto paso y me había convencido con sus dulces palabras para que lo llevara a otro viaje. Lo loco de todo esto es que a nadie le importa que él haya ido de gorra en su viaje. El gozo se multiplicaba cuando todos estábamos juntos.

36

Un hijo necesita que su mamá

Haga de la Navidad algo muy importante

¡Alégrense, ustedes los justos; regocíjense en el Señor! ¡canten todos ustedes, los rectos de corazón!

Salmo 32:11, NVI®

Corría septiembre cuando se elaboraron los documentos de mi separación legal. Para el mes de mayo siguiente, ya era una madre sola y divorciada. Sin duda alguna, todos los días y los meses que pasaron entre ambas fechas marcaron el punto más bajo de mi vida. Y en medio de todo eso, estaba la Navidad. Mientras escribo esto, lo que recuerdo con mayor claridad es mi dolor. El sufrimiento... y también la vergüenza.

Los niños y yo vivimos en el sótano de mis padres durante cuatro meses. Yo estaba agradecida de estar con ellos para las fiestas ese año. En aquel entonces, apenas me podía sentir la respiración. No estoy segura sobre cómo pude preparar una celebración de Navidad. Mamá y papá adornaron la casa y nosotros hicimos las cosas normales como «preparar galletas», en un esfuerzo fallido por esconder lo obvio. Mis cuatro hijos y yo vivíamos con lo que teníamos en las maletas, apoyándonos en la bondad de mi familia. Ellos querían que estuviéramos allí. Yo les estaba agradecida, pero me sentía paralizada. Y era el tiempo de Navidad.

Ese año fue la primera vez que nuestra familia «compartió» el Día de Navidad. Después que dejé a los niños con su padre, tuve que conducir durante toda una hora hasta la casa de mis padres. Nunca he llorado con tanta furia. Grité hasta perder la voz. Fue el peor día de mi vida.

Por la misericordia de Dios, terminó diciembre y comenzó enero. Los niños estaban de vuelta y comenzó la escuela. Después de un par de días, la maestra de Grayson me llamó aparte.

Me dijo: «Ángela, Grayson me dijo que ustedes no celebraron la Navidad este año».

Sentí que me moría.

Antes de que pudiera responder, la maestra me dijo: «Comprendo lo que estás pasando en estos tiempos. Mi hija pasó con exactitud por lo mismo. Aun así, te quiero animar acerca de algo. Sé que estás sufriendo, pero esos niños van a necesitar que eches a un lado el dolor para ser su mamá. Tú no lo tienes que hacer todo, pero sí puedes tratar de hacer algunas cosas».

Esas palabras me las dio con gracia y con preocupación. Tenía razón y yo necesitaba su tierna reprensión. ¿Quién sabe cómo se supone que se comporte una mujer con cuatro hijos cuando vive con sus padres y espera una sentencia de divorcio? Con toda seguridad, yo misma no sabía cómo actuar ni qué hacer. Esconderme con mi vergüenza, enfocarme en mi dolor, todo eso parecía razonable en ese tiempo.

Han pasado por lo menos una docena de años después de aquello. Cuán apropiado es que aún me pueda ver en su aula esa tarde. La mamá que por un instante se convirtió en la estudiante. Con las rodillas metidas a la fuerza debajo de un pupitre de primaria. Con el corazón recibiendo el consuelo de ella en medio de lágrimas. El recuerdo es aún muy vivo porque la sabiduría de sus palabras me sigue guiando todavía.

Nuestros hijos necesitan que su mamá le dé una gran importancia a la Navidad. Y a la Semana Santa. Y al Día de Acción de Gracias. Y a los cumpleaños. Y a todas las demás celebraciones entre estas.

Nosotras somos hacedoras de recuerdos. Las mamás crean las tradiciones y establecen la tonalidad. Les debemos enseñar a nuestros hijos a celebrar de manera que sus corazones no se conviertan en suelo fértil donde puedan crecer las semillas del avaro Scrooge. Que yo sepa, en esos días hay muchas celebraciones de familia que quedan sin hacer. Demasiadas razones de gozo descuidadas. Demasiados momentos especiales que pasan inadvertidos. Yo dejé que toda mi familia se perdiera una Navidad, pero por la gracia de Dios y la sabiduría de una maestra de escuela decidí que, mientras pudiera, mi familia nunca pasaría un día festivo ni un cumpleaños como lo pasamos aquella Navidad.

He aquí lo que quisiera no tener necesidad de aclarar. Cuando digo: «Celebra la Navidad en grande», hay quienes se sienten inclinados a decir: «Gasta una gran cantidad de dinero». Son demasiados los que piensan:

«Sale demasiado cara». Resolvamos esta situación ahora mismo. En mis siete años de mamá soltera, aprendí que la celebración es más que nada una actitud del corazón. Yo no tenía dinero alguno para gastar. Nunca. Aprendí a dejar que mi corazón sintiera gozo de todas maneras. No estoy segura de que los niños lo notaran o les preocupara alguna vez. El gozo extra que hay en la casa cuesta poco o nada.

En nuestra casa, «celebrar en grande» la Navidad o cualquier día especial significa...

Adornar con cuanto tengamos o podamos hacer.

Invitar a la gente a venir para una comida informal donde cada uno aporte un plato. Si todos traemos un poco, todos comeremos.

Música por cuanta razón se nos ocurra. *¡William, vete a poner la música que te parezca que venga bien con la pizza!*

Regalos hechos a mano. Notas. Arte. Estoy muy agradecida de que las cosas hechas a mano vuelvan a ser estupendas.

Conversaciones en las que todas las personas se amontonan en la misma habitación. No se permite prender la televisión. Entonces, comentan una cosa que les gusta acerca del cumpleañero. Un recuerdo favorito de la Navidad. Una cosa por la que están agradecidos en el Día de Acción de Gracias. Como la mayoría de las cosas nuevas que comiences, puedes contar con torpezas el primer año y no tantas al año siguiente. Al final, tendrás una tradición.

Juegos que incluyan a todo el mundo. Cada año, mi esposo Scott saca sus preguntas de curiosidades de Acción de Gracias. Durante meses, se la pasa haciendo un gran alboroto sobre lo difíciles que van a ser. La familia se divide por parejas, de manera que nadie tenga que pasar solo por tonto. Por lo general, hay una pregunta acerca de una película de Disney en algún momento. Unas cuantas preguntas de deportes. Y el resto las pueden responder los que tengan los mejores recuerdos de la escuela primaria. El ganador adquiere el derecho a alardear. Los perdedores se quejan por la cantidad de respuestas correctas que borraron. Una sugerencia: Si alguna vez te encuentras en mi casa en el Día de Acción de Gracias, asegúrate de tener de compañero a tío Walter.

Hay una gran probabilidad de que seas muy parecida a mí, y cuando lleguen los días festivos, tu corazón podrá estar dispuesto, pero el resto de tu persona está exhausto. Ya habrá años para celebrar con menos bombo y platillo. Momentos para delegar un trabajo en uno de los hijos, sabiendo con antelación que lo más probable es que no le salga justo como tú lo has hecho siempre.

La esperanza que tengo es que nunca te sientas tan paralizada con el sufrimiento ni tan centrada en ti misma que hagas lo mismo que hice yo. Si está dentro de tus posibilidades, nunca te pierdas uno de esos maravillosos días festivos que se te han dado para que los celebres con tu familia. Dirígelos con el corazón lleno de celebración. Quiera Dios que nuestros hijos se conviertan en esa clase extraña de hombres que son capaces de celebrar con gozo todo lo recibido de Él.

37

Un hijo necesita que su mamá

Lo lleve a los funerales y a los velorios

Pues así como en Adán todos mueren,
también en Cristo todos volverán a vivir.

1 Corintios 15:22, NVI®

Tal vez solo era nuestra familia. O quizá fuera el tamaño de nuestra pequeña comunidad o nuestra iglesia. Sin embargo, que yo recuerde, hubo muchas veces en que mis padres nos llamaron a mis hermanos y a mí para que entráramos, nos aseáramos, nos cambiáramos de ropa y nos metiéramos en el auto para «pasar un momento por la funeraria». Murió alguien que quizá no conociera muy bien, y mis padres querían ir a presentarle sus respetos. Eso significaba que todos íbamos juntos a la funeraria.

No creo que a mis padres se les ocurriera jamás la idea de no llevarnos con ellos ni de dejarnos con una niñera. Tal vez encontráramos a otros niños que conociéramos y nos pasáramos la mitad de la noche tratando de correr cuando se suponía que debíamos estar callados, tranquilos y pidiendo monedas para las máquinas expendedoras para picar que estaban al fondo. Las familias venían en masa para apoyarse entre sí con su presencia y mucha comida.

Desde que soy mamá, no he vivido en la misma clase de comunidad unida en la que crecí. Estoy segura que han seguido falleciendo personas en mi ciudad en la misma proporción que antes, pero no he conocido a muchas de ellas. «Pasar por la funeraria» no es algo que mis hijos hayan hecho ni con mucho con la misma frecuencia.

Una de las primeras veces que hice planes para asistir a un velorio con mis hijos, una amiga me llamó para preguntarme si ellos iban a ir. Le dije que no se me había ocurrido no llevarlos. Ella me dijo que no creía que su hijo, que era más o menos de la misma edad, estuviera listo para ir a algo así. Y de acuerdo al resto de nuestra conversación, estoy segura de que era verdad que no estaba listo para ir. Su familia solo había hablado de la muerte y de los funerales en susurros y en voz baja, permitiendo que las imágenes de los ataúdes y las lápidas de Halloween llenaran los espacios en blanco en la imaginación del pequeño. Pobre muchacho.

Todo lo que dijo mi amiga ese día confirmó mi decisión de llevar a mis hijos a los funerales con tanta frecuencia como fuera apropiada. Mientras más pronto los expusiera a esta clase de acontecimientos, más pronto tendría la oportunidad de hablar de la paz de Dios sobre sus temores.

Recuerdo que escuché la historia de un niño pequeño que se aterró al entrar al lugar donde velaban a su abuelo. Su terror se convirtió en gritos y en un ataque de pánico. Sus padres no pudieron comprender esa reacción tan extrema y lo sacaron para hablar con él. En el césped de la funeraria se hizo clara la razón de su histeria. El niño les dijo a sus padres que no quería ver a su abuelo sin cabeza. El Señor lo bendiga. Había oído hablar a los adultos sobre «llevar el cuerpo» a la funeraria, y en su mente supuso de una manera literal, que el cuerpo estaría presente, pero la cabeza no.

¿Te puedo animar para que comiences a llevar a tu hijo a los velorios y los funerales tan pronto como sea posible? Háblale con palabras que le hagan ver tu propio dolor y tu tristeza. Sé sensible ante sus temores. No hay necesidad de forzarlo a ver el ataúd, si aún no está listo. No uses frases que se malentiendan con facilidad para describir la muerte. *Tu bisabuelo está durmiendo. Hoy perdimos a nuestro vecino*. Asegúrate de que pueda sentir la tranquilidad que le da tu consuelo. Sé sincera en cuanto a las circunstancias de la muerte, reservándote los detalles que no te parezcan adecuados para su edad. Asegúrate de que participe en la celebración y escuche a sus seres amados mientras hablan de los buenos recuerdos que tienen y cuentan esas historias graciosas que todavía hacen reír.

Y usa este momento para enseñarle de nuevo acerca de Jesús, nuestro Salvador, quien murió en una cruz, pero que tres días más tarde resucitó de entre los muertos, prometiéndoles a todos los que creyeran la misma victoria sobre la muerte y una vida eterna en su compañía.

Hace casi dos años, mi mamá se fue al cielo. Y las cosas fueron como lo dice todo el mundo: Aunque estuvo enferma, ninguno de nosotros estaba listo para verla partir. Me siento agradecida de que Dios le concediera a mi familia un momento para reunirnos de manera deliberada alrededor de ella en las últimas horas de su vida. Mis hijos varones fueron directamente desde un torneo de fútbol hasta el hospital. Todavía con los uniformes puestos, se apresuraron a llegar a casa mientras el médico decía que había llegado la hora. Ellos estuvieron en el hospital muchas veces para ver a su abuela, pero esta vez era diferente y todos lo sabíamos. Mamá se pudo dar cuenta de que ellos habían llegado. La abrazaron y la besaron, y desde el otro extremo de la habitación pude ver cómo se les rompía el corazón.

Cuando toda la familia llenó aquel lugar, le hablamos a ella como si todos estuviéramos de pie en la cocina conversando. Haciendo pequeñas bromas que teníamos la esperanza de que la hicieran sonreír, y después decidimos que a ella le agradaría escucharnos cantar a todos. Con la letra de algunos de sus himnos favoritos en nuestros iPhones, mi hermano dirigió nuestro pequeño coro familiar a través de las estrofas. Por fin, papá nos dijo a todos que nos fuéramos a casa y un par de horas más tarde mamá pasó de la muerte a la gloria.

Nuestros hijos varones necesitaban que su mamá les enseñara lo que significan la muerte y los funerales en la tierra, y el gozo de lo que significan en el cielo.

> Estoy de pie a la orilla del mar. Un velero a mi lado despliega sus blancas velas a la brisa mientras se abre paso hacia el mar azul. Es un objeto hermoso y fuerte, y me quedo observándolo hasta que parece una pequeña nube blanca justo donde el mar y el cielo se encuentran el uno con el otro. Entonces, alguien a mi lado dice: «¡Vaya! ¡Desapareció!». ¿A dónde fue? Lo perdí de vista... eso es todo. Su mástil y su casco son tan grandes como cuando se fue de mi lado, y puede soportar la carga de vida que transporta hacia el lugar de destino. Su tamaño menor está en mí y no en él.
>
> Y justo en ese momento cuando alguien junto a mí dice: «¡Vaya! ¡Desapareció!», hay otros ojos que observan su llegada; y otras voces están listas para gritar con alegría: «¡Ahí viene!».
>
> Y eso es... «¡morir!»*.

* Luther F. Beecher, «*What is Dying?*», *Northwestern Christian Advocate*, 13 de julio de 1904, p. 14.

[illegible]

[illegible]

[illegible]

[illegible]

[illegible]

[illegible]

[illegible]

38

Un hijo necesita que su mamá

Le ordene que se meta en el arroyo

A los ricos en este mundo, enséñales que no sean altaneros ni pongan su esperanza en la incertidumbre de las riquezas, sino en Dios, el cual nos da abundantemente todas las cosas para que las disfrutemos.

1 Timoteo 6:17

Hace varios años, un grupo de amigas de mi iglesia decidimos reunirnos y llevar con nosotras a nuestros hijos para hacer senderismo en las montañas. En total, pienso que habría entre veinticinco y treinta personas. Las mamás estaban contentas de juntarse en esa mañana de primavera, y los muchachos estaban muy habladores, hacían tonterías y se divertían. Cuando llegamos al sendero, descubrimos un hermoso arroyo de montaña que corría sin prisas y que coincidiría con cada giro y vuelta de nuestra caminata. Aunque el día era algo caluroso, caminábamos debajo del follaje de los árboles, refrescados por una brisa que nos parecía perfecta. Aún puedo ver a todos esos muchachos sin una sola preocupación en el mundo, encaramados en aquellas grandes rocas, comiéndose las provisiones que llevaban en sus mochilas. Todavía hoy, las mamás hablan de ese día en que hicimos un senderismo perfecto en un día también perfecto.

Casi al final de nuestro regreso, llegamos a un lugar donde la corriente junto a nosotros se hacía más ancha. Allí era poco profunda y se movía con facilidad. Todos nos miramos y votamos en seguida a favor de un momento de espontaneidad. «Vamos a meternos en el arroyo», les dijimos a nuestros hijos. Ninguno planeaba hacerlo. No teníamos ni una sola toalla entre todos. Solo decidimos que ese lugar del arroyo sería divertido y que volveríamos a casa un poco mojados, y también que el gozo era más importante que la ropa seca. Hasta dijimos: «Déjense puestos los zapatos para que no resbalen». Nunca podrás ver a un montón de chiquillos meterse más rápido en un arroyo. Estaban eufóricos porque se podían meter en el agua... ¡sobre todo con la ropa puesta!

Yo había estado ayudando a mis hijos a abrirse paso sobre las rocas cuando acerté a ver que Grayson venía de regreso a la orilla. Una de mis amigas tomó a mis hijos de la mano y yo fui a ver qué le pasaba al mayor de mis varones. Calculo que entonces tendría unos seis años.

—Oye, cariño, vamos a entrar al arroyo —le dije tomando sus bellas manitas en las mías.

—No quiero.

—¿Qué es eso de que no quieres? El agua está tibia. Ni siquiera te va a llegar a las rodillas. La corriente se mueve muy lenta, así que no tienes que temerle a nada. Todos vamos a estar juntos. Yo me voy a agarrar de ti. Mira para William y AnnaGrace... están riendo y pasando un tiempo fantástico.

—No quiero. Nosotros no trajimos ninguna toalla y no me quiero mojar.

—No importa, bebé. Nadie tiene toalla, así que todos vamos a estar mojados. No pasa nada. Todos vamos a volver juntos y mojados a casa. Va a ser divertido.

—No quiero —fue la inquebrantable decisión de sus azules ojos.

Sin estar de veras segura de lo que debía hacer con este inesperado dilema, volví al agua y dejé a Grayson sentado en una piedra a unos cuantos pies del arroyo. Daba la impresión de que quería llorar allí sentado, viendo cómo sus amigos se reían, se tiraban agua y jugaban. Yo también me sentía con ganas de llorar. Mi hijo tan alegre, el que solía caminar dando saltos, se había parado en seco.

De pie en medio de aquel perfecto y ruidoso arroyo de montaña, en aquel perfecto día de cielo azul, me vino de inmediato un recuerdo del pasado. Yo estaba sentada en mi centésimo banco de un parque de diversiones, mientras todos los demás estaban montados en la montaña rusa que tenía detrás de mí. Mis temores nunca me permitieron montar en ningún aparato más allá de los que había en el parque infantil. Secundaria. Instituto. Universidad. Líder de un ministerio de jóvenes. Me quedé sentada sin montar ningún aparato durante todos esos años. Cuando miré de nuevo a Grayson, vislumbré el yo en que él se podía convertir.

Salí del agua y volví a la roca donde estaba Grayson. Me arrodillé frente a él para que pudiera ver mi compasión. Le expliqué lo que acababa de recordar. Le dije que mi corazón estaba lleno de amor hacia él y que por amor le diría lo que le dije después: «Grayson, porque soy tu mamá, te estoy ordenando que te metas en el arroyo. Si te metes en el arroyo hasta las rodillas y no te gusta estar allí, te voy a dejar salir. En cambio, no te voy a permitir que decidas desde la orilla».

Él me miró como si le hubiera acabado de decir que saltara de un avión. Fui bondadosa, pero inconmovible. Sus ojos se llenaron de lágrimas y eso me rompió el corazón, pero le dije: «Grayson, tú no tienes derecho a decidir en esto. Te estoy ordenando que te vayas a parar en medio de ese arroyo».

Todavía es terrible recordar el miedo que él tenía y lo severa que tuve que ser en esos momentos. Todos los demás chicos estaban allí y su mamá no le dejaba ninguna opción, así que con los ojos llenos de lágrimas, Grayson caminó obediente y con lentitud hasta dentro del arroyo. Estaba convencida de que lo llevaría de vuelta a la orilla en menos de treinta segundos. Sin embargo, en ese mismo instante y lugar, se produjo un verdadero milagro. Todos sus amigos se alegraron de verlo, así que se quedó quieto mientras ellos comenzaban a moverse con dificultad, salpicando agua, para acercase a él. A los pocos segundos, vi cómo bajaba una de las manos para sentir cómo se movía la corriente entre sus dedos. Después bajó la otra mano. Y antes de que me diera cuenta de lo que sucedía, Grayson se balanceó con fuerza y salpicó de agua al amigo que por fin logró llegar hasta él. El amigo se rio y lo salpicó a su vez. Grayson se rió y lo salpicó más fuerte, y todas sus lágrimas quedaron lavadas.

Nosotros éramos una familia en crecimiento que trabajaba muy duro, y los juegos no eran demasiado apreciados en nuestra casa. Teníamos un principio no expresado, aunque dábamos por sentado que todos los demás lo sabían: La gente que jugaba y que subía a los aparatos del parque de diversiones desperdiciaba un tiempo precioso que habría podido emplear en trabajar. Mi familia decía en broma con respecto a mi abuelo: «Papá dejó la escuela porque tenía recreos. Y a él no le gustaba jugar». Hasta el día de hoy, estoy tratando aún de superar esos genes «contra el recreo» que recibí de mis antepasados.

Ese día junto al arroyo fue grandioso para mí. Ordenarle a Grayson que entrara al agua fue algo así como una declaración personal: Los senderos que serpentean a través de las montañas son creación de Dios. Las corrientes en su movimiento cantan la música que compuso Él. Un día con el cielo azul es una obra maestra original de Dios. Él nos da esos dones para que los disfrutemos.

Cuando recibimos sus bondades con las manos abiertas y disfrutamos de su gloria con el corazón abierto también, ese gozo se verá muchos días de la misma manera que el juego. No te olvides de enseñarle a jugar a tu hijo.

39

Un hijo necesita que su mamá

Se mantenga firme cuando él tiene dudas

Me buscarán y me encontrarán,
cuando me busquen de todo corazón.

Jeremías 29:13, NVI®

Dios, en su sabiduría, me confió dos hijos varones que son sobre todo pensadores. No estoy segura de que muchos días sea la mejor persona para esta responsabilidad, pero me imagino que ya a estas horas no importa. Son mis hijos. Me siento honrada de ser la mamá de unos muchachos que me retan intelectualmente a mantenerme firme y darles lo mejor de mí.

Cuando eran pequeños, ambos me parecían dos curiosos normales que a veces hacían preguntas, pero que casi siempre confiaban en lo que se les enseñaba en la escuela o en la iglesia. Ahora como adolescentes, se están convirtiendo en hombres muy instruidos con diversos niveles de curiosidad y una gran cantidad de preguntas. Al menos por el momento, entre sus intereses centrales se encuentran la filosofía, la teología, el arte y la ciencia, acompañados por una pizca de francés. Uno de ellos se inclina más a lo filosófico y el otro a lo científico. Ambos me pueden provocar un fuerte dolor de cabeza en menos de cinco minutos.

He aquí lo que sucede. Estoy loca por mis muchachos pensantes. Sin embargo, cuando uno es una persona pensante, siente un persistente anhelo de entender «eso» por completo. Cuando «eso» es un experimento de química o un examen sobre los verbos franceses, es maravilloso tenerlo todo bajo control. Cuando «eso» es enseñarse a sí mismos a editar vídeos o a tocar el piano, conseguirlo es doblemente maravilloso. En cambio, cuando «eso» es Dios, misericordia, Señor, ten misericordia.

Nuestros dos hijos decidieron convertirse en seguidores de Jesús poco después del preescolar, pero las preguntas y los comentarios más profundos acerca de Dios parece que comenzaron alrededor de los catorce años. En estos últimos años, sus mentes han comenzado a funcionar en alta velocidad, procesando ideologías y principios que al menos los ponen diez años por delante de donde yo estaba a su edad. Entonces, un día, Grayson terminó diciéndolo en voz alta: «Mamá, estoy luchando de verdad con mis dudas acerca de Dios». Yo me incliné al otro lado de la encimera de la cocina y le pregunté: «¿Qué clases de preguntas son las que tienes?». Desde entonces, creo que hemos estado manteniendo una gran conversación acerca del tema.

Te ahorraré los detalles de las teorías sobre la edad de la tierra, la matriz de la cosmovisión y los debates de apologética porque no hay razón alguna para hacer que a ti también te duela la cabeza. Además, nuestros hijos no necesitan que tengamos todas las respuestas a cuanto interrogante espiritual tengan. Lo que sí necesitan es una mamá que no les tema a las dudas. Necesitan una mamá firme en su propia fe y lo bastante sabia para comprender que los grandes hombres de Dios pasan por temporadas de dudas con el fin de conocerlo mejor a Él.

A partir de mis propios años de búsqueda, estudio y preguntas, he aquí lo que he descubierto: No tengo por qué temerles a las dudas ni a las preguntas espirituales de mi hijo. Si mis muchachos buscan las respuestas a unas cuestiones teológicas gigantescas o luchan de frente con sus dudas, hago todo cuanto está a mi alcance para ayudarlos. Aun así, lo más importante es que he aprendido que puedo confiar en que Dios les dé sus propias respuestas. A su manera. En su momento.

Nuestras preguntas no le quitan valor alguno a Dios.

Nuestras dudas no debilitan a Dios en absoluto.

Dios no les niega su amor a los que luchan por resolver las tensiones entre la ciencia, la filosofía y la fe.

Es más, Dios mismo fue el que dijo: «Me buscarán y me encontrarán, cuando me busquen de todo corazón» (Jeremías 29:13, NVI®).

Ya a estas horas hemos tenido más conversaciones de las que pueda contar y estoy segura de que vendrán muchas más. Comencemos como comencemos, casi siempre termino diciendo algo como esto.

«Cariño, no les tengo miedo a tus preguntas ni a tus dudas. No me alarman ni me atribulan porque a mí me pasó lo mismo. Yo tenía mucha más edad que tú cuando por fin llegué a tener más interrogantes acerca de Dios que respuestas, pero esto es lo que descubrí: Si buscas en Dios sus respuestas y su paz, las vas a encontrar. De verdad. Seguro. Tal vez Él no obre dentro de tu marco de tiempo, ni te grite de manera audible usando un megáfono, pero estoy totalmente segura de que el que lo busque, lo hallará.

»Cuando pienso en tu lucha intelectual por conocer a Dios, tengo que creer que en tu alma se están creando unos fundamentos sólidos. El gran hombre no acepta como suyas de manera despreocupada las ideas o las tradiciones de otros. El gran hombre llega a ser sabio porque trabaja para adquirir un conocimiento lleno de comprensión. Valora la verdad y no se conforma con razonamientos de segunda mano. Nada de valor nos llega sin esfuerzo. La sabiduría que ganes en este peregrinar se convertirá en un tesoro para tu vida.

»Así que quiero que busques a Dios con cada pregunta y con cada duda. Yo no tengo fe alguna en mi capacidad para responder tus preguntas. En cambio, tengo la absoluta seguridad de que Él sí la tiene.

»La labor de buscar las respuestas de Dios edifica un sólido fundamento en tu alma. Un fundamento que no podrá ser sacudido. Un fundamento sobre el cual podrás edificar tu vida. Tal vez otros se conformen con las respuestas que proceden de las frases hechas o de los titulares de las noticias, pero tú no. Tú vas a tener las respuestas que te dé Dios. Y tu alma va a estar en paz».

Mi cuñada me relató esta historia hace unos días. Su hijo, Holden, escribió un ensayo del último grado del instituto para su solicitud de ingreso en la universidad. Como cualquier mujer que sea una buena madre, se puso detrás de él para ver lo que escribía. La parte que la dejó sin respiración fue el párrafo que escribió acerca de su decisión de seguir a Jesús. Holden escribió esto: «Mi mamá siempre nos ha llevado a la iglesia, así que he oído hablar mucho acerca de Dios en mi vida. Sin embargo, a los quince años ya había decidido con bastante firmeza que no creía en Él.

»Una noche estaba pensando acerca de toda esta cuestión de la fe y me vino una idea que pensé que terminaría de resolver la situación de una vez por todas. Le dije a Dios: "Si eres real, demuéstramelo".

»Durante varias semanas, solo pude ver a Dios a cada instante. Dondequiera que miraba, había algo que hacía Dios. Alguna evidencia nueva de su presencia o de su poder. Le entregué mi vida por la forma tan abrumadora en que respondió a mi oración llena de dudas».

Yo lloré como una bebé cuando Holden decidió seguir a Jesús. Feliz por él y agradecida por nuestro Dios que no tiene resentimientos con los que dudan.

Las mamás nos podemos mantener serenas cuando nuestros hijos luchan con sus dudas porque conocemos a Aquel que siempre es fiel.

40

Un hijo necesita que su mamá

Le compre un cubo de Rubik

Hay un tiempo señalado para todo,
y hay un tiempo para cada suceso bajo el cielo.

Eclesiastés 3:1

Ahora que nuestros hijos ya tienen más edad, los regalos de Navidad se podrían convertir con facilidad en el momento en el que me quedo atrapada en sus necesidades prácticas. Este necesita unos pantalones de mezclilla y, este, botas nuevas. Hace algunos años, estuve haciendo unas pocas compras por aquí y otras por allá. Entonces, una mañana ya no pude recordar lo que tenía escondido en el lugar secreto. Así que me metí entre las bolsas todas arrugadas. Cuando por fin organicé y formé seis pequeñas pilas bien ordenadas a mi alrededor, sentí que me había convertido en el señor Scrooge. Allí ante mí había seis infelices pilas de cosas prácticas. No había ni siquiera un juguete divertido, ni un rompecabezas, ni nada que se pareciera a esas mañanas de Navidad llenas de Héroes al Rescate o de Legos.

¡En ese mismo instante y en ese mismo lugar decidí que tenía que salvar la Navidad! Decidí que mientras el taller de Santa Claus esté a mi cargo, siempre habrá alguna cosa divertida o alegre para cada uno.

De aquí mi decisión de comprar un cubo de Rubik para ponérselo a William en su calcetín de Navidad.

Por favor, fíjate en esto: No te dije que los regalitos divertidos y entretenidos que les compré a mis muchachos adolescentes hicieran palpitar más de prisa sus corazones, ni que los hicieran danzar de júbilo. Esta mamá les va a seguir buscando diversión. Si deciden volver a chillar y reír como en los viejos tiempos, son sus preferencias de adolescentes.

En fin, de vuelta al cubo.

William estaba en noveno grado en esa Navidad. En algún momento del mediodía, hizo una ordenada pila con sus regalos prácticos, les puso el cubo en su caja encima de todos y subió a su cuarto llevando su botín de Navidad. Y ahí quedó todo. El regalo que escogí en especial para el hijo que podría disfrutar del desafío, estuvo metido en su caja hasta el mes de junio.

Como los juguetes de la película *Toy Story*, es probable que haya estado dando vueltas en su rincón y riéndose cada vez que yo salía de su cuarto.

Sin embargo, llegó junio, se acabaron las clases y, un lento día de verano, William llegó a la cocina con su cubo de Navidad. Si tuviera que adivinar, diría que loco de aburrimiento sacó el cubo de su caja, se sintió frustrado porque no era tan fácil resolverlo como se había imaginado y después bajó de su cuarto para encontrar en Google las formas de vencer al cubo.

William puede explicarlo desde aquí. Los siguientes párrafos los tomé de uno de sus ensayos de su último año del instituto.

> Hace tres años, recibí un cubo de Rubik por Navidad, pero nunca jugué con él. Me pareció que aquel juego tridimensional era mejor como pisapapeles que como rompecabezas para el cerebro. Sin embargo, al final mi curiosidad venció la baja opinión que tenía de él. Y ese suceso me dejó tratando histéricamente de poner de nuevo en orden los colores. No pude resolver el cubo, pero sabía que había alguien en alguna parte que tenía que saber cómo hacerlo.
>
> La internet me iluminó en mi esfuerzo con el cubo. Según resulta, se resuelve un cubo de tres por tres, u otro de cualquier tamaño, a través de una serie de algoritmos. Una vez que el que lo quiere resolver observa la «situación» del cubo en ese momento, le aplica el algoritmo correspondiente y el cubo no tiene más remedio que reaccionar ante los domadores giros y vueltas que le da el que lo resuelve. Mi liberación en el esfuerzo por resolver el cubo se produjo porque tuve la diligencia de no tirar la toalla o, más bien, el cubo.
>
> Un cubo de seis lados me enseñó que puedo aprender lo que sea si centro mi mente en lograrlo. Me sentí poderoso para usar mi mente en resolver una cosa difícil.

Aquí es donde te tengo que hacer una advertencia. Si unos pequeños chasquidos afectan tus nervios, no le compres a tu hijo un cubo de Rubik. Cuando un muchacho decide que va a resolver el desafío del cubo, se quedará callado, pero el chasquido constante de los mosaicos de plástico, acompañado por los crujidos de las filas que van cambiando con rapidez, se va a volver cada vez más fuerte. Durante el verano de ese encaprichamiento de William, la familia viajó junta en avión varias veces. Dios dispuso que el asiento de William estuviera detrás del mío durante más de veinticuatro horas de vuelo. Casi. Me. Vuelvo. Loca*.

He aquí lo estrafalario. No tenía idea alguna de que resolver un cubo de Rubik era una cuestión de matemáticas. Por el amor de Dios. ¿Observar el cubo y aprender de memoria unos algoritmos? ¿Te burlas de mí? ¡Pero eso no es todo! Después que un jugador «domestica» los seis lados, solo se enciende una chispa de fuego adictivo. El siguiente nivel está en la velocidad. Medirte el tiempo. Superar los tiempos anteriores. Y después viene la competencia. Competir con otros domadores de cubo para ver quién lo logra en menos tiempo. En el momento en que escribo estas líneas, el récord mundial para la solución del cubo es de 7,3 segundos. Sí. Dije segundos. Hay un vídeo. Y una competencia en Las Vegas. Hay todo un mundo loco de cubos allá afuera. Como dijo William: «Fue divertido ver cómo mi obsesión con el cubo se volvía fuego».

Cuando terminó el verano, ya teníamos un total incendio. William trabajó en su habilidad con el cubo durante las prácticas de fútbol y sus compañeros de juego comenzaron a comprar sus propios cubos. Las clases empezaron en el otoño y se desató el frenesí. La tutoría en el aprendizaje de los algoritmos tuvo una alta demanda, de manera que William escribió a mano un «Manual para la solución del cubo de Rubik» e hizo copias para distribuirlas. Al llegar el segundo semestre, el director de la escuela se vio forzado a enfrentarse a las distracciones que producía el cubo de Rubik en toda la escuela, dándoles a los estudiantes la orden de que mantuvieran sus cubos dentro de sus mochilas durante las clases en las aulas. Te lo digo en serio.

Ahora, dejaré que William continúe en su ensayo:

> Ya pasaron tres años y le sigo el pulso al uso del cubo en la escuela. Como también me pasa a mí, aún hay quienes no pueden soltar los «seis lados». El fenómeno del cubo en mi escuela me hace reír

entre dientes. Es divertido ver lo que pueden hacer la curiosidad y la diligencia.

Hasta el día de hoy, creo que el cubo desató algo en la mente de William. Entrenar su mente para poner en orden los colores fue divertido, pero lo mejor de todo fue que les diera tutoría a sus amigos y los viera disfrutar de ese mismo desafío.

Así que cómprale a tu hijo un cubo de Rubik. Asegúrate de llamarlo un juego... y no creo que haya necesidad alguna de mencionar toda esa cosa de los algoritmos. Observa cómo esa caja permanece en su escritorio durante seis meses del año. Hasta puede que le enseñes «por casualidad» algunos vídeos de las competencias.

Tal vez un día se sienta aburrido y vaya a buscar el cubo. Mejor el cubo que un videojuego. El cubo no necesita baterías, ni electricidad, ni una conexión con la internet, pero tiene la posibilidad de desatar algo en tu hijo también.

¡Te deseo que los fuegos de los algoritmos incendien tu hogar!

---

* A medida que más incursionábamos en el campo del cubo, descubrimos un aceite para lubricarlo, el cual ayuda a que su solución sea más suave, rápida y, por fortuna, silenciosa. Sin duda, el invento de una mamá al borde de la locura.

41

Un hijo necesita que su mamá

Lo envíe a una aventura y ore para que vuelva a casa por amor

Sobre todo, ámense los unos a los otros profundamente.

1 Pedro 4:8, NVI®

Nuestro hijo de veinte años, Grayson, va a aterrizar en el aeropuerto cercano a nuestra casa en un par de horas. Se pasó en Brasil estos últimos sesenta y dos días, y acaba de abordar el último de sus tres vuelos de vuelta a casa.

Todas las mamás que conozco habrían dormido exactamente de la misma forma que dormí yo anoche. Puse la cabeza sobre un par de almohadas de frente a la mesa de noche junto a mi cama. Encima de la mesa puse una pila de libros lo bastante alta para mantener mi computadora al nivel de mi vista. Entonces, dejé la computadora encendida y activa toda la noche para poder seguir el viaje de Grayson de vuelta a casa. Durante toda la noche me estuve despertando y volviendo a dormir hasta adquirir un ritmo.

Me debo haber quedado dormida.

Un atolondrado clic para refrescar el navegador de la computadora. Contengo la respiración.

¿Por qué es tan lenta esta computadora?

Aparece un ícono parpadeante sobre una pantalla en negro. Exhalo hondo.

Hola, cariño, allí estás. Espero que estés durmiendo.

Gracias, Jesús. Por favor, Señor, sigue trayendo a casa a mi muchacho.

Cada hora más o menos, me despertaba lo suficiente para ver un pequeño avión generado por la computadora que tenía con exactitud los números del vuelo, mientras se abría paso con rumbo norte a través del mapa de América del Sur. Cuando tu hijo ha estado fuera de casa demasiado tiempo y demasiado lejos, y ahora está a cuarenta mil pies de altura durante la mayor parte de la noche, una luz parpadeante en la pantalla de una computadora es como si el Señor mismo te estuviera hablando. *Yo tengo conmigo a tu muchacho. Está seguro, y aquí tienes esta luz parpadeante para tranquilizar tu corazón de mamá. Confía en mí. Te puedes volver a dormir.*

Cuando Grayson llamó por vez primera para hablar acerca de la posibilidad de ir al Brasil, le hice unas cuantas preguntas importantes y escuché sus entusiastas respuestas. A medida que progresaba la conversación, hablábamos acerca de las grandes ideas de quién, dónde y por qué. Grayson se sentía muy apasionado con el viaje, pero a decir verdad, no me pudo dar muchos detalles. Las mamás que están pensando en que su hijo se pase un verano en un país extranjero, lo que quieren son los datos básicos. Cosas como estas:

¿Qué ciudad del Brasil?

¿Dónde te quedarías?

¿Qué vas a hacer?

¿Cómo vas a comer?

¿Cuánto va a costar?

Cariño, ¿cuál es con exactitud el nombre de la organización misionera?

Cuando terminó nuestra primera conversación, ya me había dado cuenta de que Grayson no tenía las respuestas a ninguna de estas preguntas. La cosa más importante para él era si Dios quería que fuera o no. En realidad, todavía no tenía los detalles en su radar porque su pasión intervino y él sabía que debía ir.

Ahora bien, lo cierto es que ese era el momento antes del que habría echado abajo todos esos planes. Con toda facilidad, le habría podido sacar la carta de la lógica: «Si ni siquiera sabes dónde es ese viaje, ni qué vas a hacer, ni quién es el que controla toda esta cosa, yo diría que lo más probable es que no tengas por qué estar allí». O bien, la carta del temor a los crímenes: «No creo que necesites estar en ningún lugar cercano a la Copa del Mundo en tu primer viaje solo a un país extranjero». Así que me mantuve esperando a que mi corazón le pusiera objeciones. Mi cabeza ya tenía un centenar de razones por las que esa era la idea más absurda de todos los tiempos, pero en mi corazón había algo que no se resignaba a desaparecer. En mi espíritu, no tenía indicación alguna de que Dios me impulsara a decirle que no.

Así que le dije la cosa más loca que le había dicho en toda su vida. «Grayson, pienso que Dios quiere que vayas».

Durante toda esa larga primavera me pasé el tiempo suplicándole que me diera más detalles y ayudándolo a poner orden en todo aquello. Grayson hizo dos viajes a Washington para conseguir su visa. (Tuvo que ir por segunda vez porque cuando llegó al consulado del Brasil, no tenía la identificación adecuada). Recaudó su sostenimiento económico para pagar el alojamiento y esperamos que apareciera el dinero para su alimentación. Yo le reservé los vuelos de ida y vuelta, pero en unas fechas que no eran las debidas. Volví a reservar los vuelos y pagué la tarifa completa.

Dos días antes de la fecha en que se suponía que Grayson se marchara, su pasaporte y su visa no habían llegado aún. Nosotros comprobamos todo lo que era conocido para la humanidad. La oficina de correos dijo que los entregó hacía una semana. Nosotros echamos abajo nuestra casa y al final extendimos lonas en el estacionamiento frente a la casa para revisar la basura de toda una semana.

Ya lo adivinaste. No aparecía el pasaporte estadounidense. Tampoco aparecía la visa del Brasil.

Esa noche, a eso de las siete, llamé al Departamento de Estado. Un señor muy agradable se compadeció de nuestra situación y me ofreció lo siguiente: «Señora, la única opción que tiene es presentarse en Washington, D.C. mañana por la mañana a las siete y media. Si tiene suerte, es posible que su hijo tenga un pasaporte y una visa nueva antes que termine el día, pero no le puedo prometer nada».

Ese fue justo el momento en que comencé a dudar. Tal vez estuviera equivocada. Tal vez no se suponía que Grayson fuera al Brasil ese verano. Estábamos a treinta y seis horas de la salida de su vuelo, y aquella grandiosa idea de un viaje misionero nos parecía más bien como un sueño malo de verdad. Todo eso había sido muy difícil y ahora, sin culpa alguna de nuestra parte, a la undécima hora, estaban perdidos todos los documentos de viaje de Grayson.

Lo que sucedió a continuación, aún hoy me sigue dejando pasmada. Colgué el teléfono, miré a Grayson y le dije:

—Recoge tu cepillo de dientes. Nos vamos en auto hasta Washington.

—¿Ahora mismo?

—Sí, ahora mismo. Tú vas a conducir. Durante el camino, yo voy a encontrar un cuarto de hotel en la computadora. Creo que podremos llegar alrededor de las dos de la madrugada, dormir unas pocas horas y ser los primeros de la fila en la agencia de pasaportes mañana por la mañana.

Él sonrió.

—Tenemos que intentarlo —le dije—. Si hacemos todo esto y no conseguimos los documentos, veremos después qué podemos hacer. Pero esta noche lo tenemos que intentar.

En caso de que no hayas entrado en auto a la capital de nuestra nación a las dos de la madrugada, deberías saber que es increíble lo que se ve. Al pasar junto al Monumento a Jefferson y dar la vuelta alrededor del Monumento a Lincoln, me sentí agradecida de haber podido ver la ciudad así... una sola vez.

El día siguiente fue un auténtico milagro. De la agencia de pasaportes salimos a toda prisa hacia el consulado del Brasil, y después tuvimos que ir tres veces de un lado a otro. A las once y cuarenta y cinco de la mañana, salimos del consulado del Brasil con lágrimas en los ojos. Teníamos en nuestras manos un pasaporte de Estados Unidos totalmente nuevo y una visa brasileña que nos volvieron a expedir sin costo alguno. Esas personas se comportaron aquel día con nosotros de una forma tan bondadosa que por un segundo casi nos sentimos culpables.

Para nuestros hijos varones, las aventuras comienzan antes que puedan caminar y después, por la gracia de Dios, se pasan toda una vida esperando poder volverse a escapar. La primera vez que nuestro bebé se baja solo de su cuna y pone pie en la tierra, comienza la aventura. A lo largo de toda su vida, calculo que nosotras le diremos un «¡No!» alrededor de mil millones de veces.

En cambio, un día, ese hijo tuyo va a llegar corriendo por la puerta del fondo trazando los planes para su nueva aventura. Tú vas a escuchar todo ese grandioso plan, preparándote para la forma en que le vas a decir una vez más «¡Todavía no!». Pero ese día, el Espíritu Santo no va a dejar que hables. Vas a ser como una anciana buscando con frenesí en sus bolsillos esa llave que siempre lleva consigo. *Mi* no *tiene que estar por aquí en algún lugar. Nunca antes se me había perdido.*

No se te perdió. Solo te lo quitaron.

El Espíritu Santo te va a hacer sentir en el corazón: *Él ya está listo. Yo lo voy a cuidar. Hoy es el día en que tú vas a decir que sí.*

Cuando el Espíritu Santo dice que sí, envía a ese hijo tuyo a correr su aventura. Después, pon la cabeza en una almohada, échale de vez en cuando una mirada a una pantalla durante todas las horas de la noche y ora con todo tu amor para traerlo seguro de vuelta a casa.

42

Un hijo necesita que su mamá

Deje de gritarle

De la abundancia del corazón habla la boca.

Lucas 6:45, RVC

Claro que lo entiendo. Yo misma lo he hecho. Y he oído a muchas más. Y creo que comprendo por qué las mamás les gritan a sus muchachos. Las mamás gritan porque gritar es fácil.

Ahí lo tienes. Una psicología muy profunda, ¿no es cierto? La realidad es que gritar resulta fácil. No exige movimiento alguno de tu parte. Puedes gritar desde la cocina. O gritar desde el cuarto de la lavadora. O gritar y seguir adelante mientras sigues segura con tu cinturón de seguridad puesto en el asiento del conductor de tu auto. Es fácil.

Y es pereza.

Y asusta.

Y detesto la forma en que una siente la garganta después de gritar.

Así que un día, dejé de gritar. De un solo golpe. Sin seminarios. Sin la ayuda de un entrenador. Sin manual sobre lo que debo usar en lugar del volumen de mi voz. Decidí dejarles de gritar a mis hijos y eso fue todo. Para siempre. Y tengo la esperanza de que tú dejes de gritar también.

Me doy cuenta de que tal vez te criaras en un hogar donde las personas se gritaban unas a otras. Es todo lo que has conocido. Te parece algo natural, y hasta existe la posibilidad de que ni siquiera te des cuenta cuando lo hagas. Gritar ni siquiera hace daño porque esos músculos de tu garganta ya están tan fuertes como el cuero de tanto usarlos.

Yo no crecí en una casa donde la gente gritaba. Sin embargo, lo aprendí con demasiada facilidad. En realidad, cuando lo pienso, gritarle a un hijo mío no era algo que «aprendiera» de manera deliberada y lo comenzara a usar. Es esa clase de cosas que una ni siquiera sabe que puede hacer hasta que arrugas la frente, entrecierras los ojos y después oyes que los gritos de una mujer enloquecida salen de tu propia garganta.

Cuando una mamá se siente exhausta y exasperada por completo, cualquiera creería que todo lo que sería capaz de hacer es susurrar. En cambio, por extraño que parezca, esos son precisamente los momentos en que una simple indicación a un chiquillo desobediente es capaz de salir de ti con un volumen y un poder feroces que nunca antes habías conocido.

¿Me permites darte unas cuantas razones para dejar de gritarle a tu hijo varón hoy mismo?

1. Tú eres más lista que eso.
2. Tú eres más creativa que eso.
3. Tú das miedo y una mamá que da miedo nunca es algo bueno. Hasta hacen películas de terror acerca de mamás como esas.
4. Es posible que tus gritos logren una obediencia momentánea, pero tú no eres el ejército y él no es soldado. A largo plazo, ninguno de los dos ganará nada.
5. Una voz firme con una instrucción llena de gracia es la evidencia de una mamá segura.
6. Tomar el camino fácil y perezoso hoy será, con el tiempo, un hábito para los dos. Te transformarás en esa mamá repulsiva y él se transformará en ese repulsivo muchacho.
7. Tú le enseñas a gritar igual que tú.
8. Existe una cosa llamada recuerdo de la niñez. De seguro que no soy psicóloga, pero he aprendido de algunas de mis amigas adultas que gritarle a alguien en la niñez es un recuerdo muy poderoso. Tal vez hasta tenga el poder suficiente para ensombrecer lo que es bueno. Cuando eso sucede, esos niños crecen y dicen cosas como: *Me parece recordar mucha gritería.*

Antes de dejarte con la mala impresión, nunca les grité mucho a mis hijos. Cuando estaba cansada. O cuando ellos estaban cansados. O ambas cosas. Les gritaba de vez en cuando. Sin embargo, seguía detestando cada ocasión en que lo hacía.

El día que dejé de gritar para siempre, ladré contrariada una orden y luego una vez más por si acaso, excepto más fuerte. Por fortuna, no puedo recordar cuál de mis hijos era el que tenía delante. Todo lo que recuerdo fue la mirada de dolor que vi en sus ojos. Un dolor que nunca le quise causar. La clase de dolor que un día se podría convertir con facilidad en ira. Y acabé con eso.

La decisión de no volverles a ladrar las órdenes a mis hijos significaba que tenía que cambiar unas cuantas cosas.

En lugar de gritar por décima vez: «¡No toques eso!», me tenía que levantar, que era lo que debí hacer desde el principio, acercarme a mi hijo y disciplinarlo en persona en vez de hacerlo desde el otro extremo de la habitación.

Les tenía que enseñar a mis hijos a obedecer mis dulces palabras, en lugar de esperar a que yo chillara. Ya ni me salían esas dulces palabras, así que tuve que pasar algún tiempo deshaciendo las pobres técnicas que usaba para educarlos.

Descubrí que había aprendido mucho más acerca de cada uno de mis hijos al usar un tono de voz firme, estar cerca de ellos y mirarlos a los ojos. Mi cercanía tenía que ver con nuestra relación mutua, incluso cuando me les acercaba para reorientarlos o disciplinarlos. El uso por mi parte de una voz firme, cualquiera que fuera su comportamiento, les comenzó a comunicar seguridad. Edificábamos nuestras relaciones en lugar de edificar unos muros que un día tendría que tratar de derrumbar.

La Biblia dice que de la boca sale lo que abunda en el corazón. A fin de cumplir con mi compromiso, tuve que llenar el corazón de sabiduría y gracia. Les quería hablar a mis hijos desde esa abundancia.

Ha habido algunos momentos, sobre todo cuando los chicos se hacían mayores, en los que lo único que se me ocurría en una situación dada era gritar. En mi cabeza no me cabía algo mejor en esos momentos. En tales casos, he optado por salir de la habitación. O detener el auto. O cualquier otra cosa que tuviera que hacer para desconectarme de mi intensa frustración o desilusión. Sea cual sea la emoción que podría darle rienda suelta a los gritos, seguía careciendo de valor para mí.

Como mamá, soy moldeadora de almas. Constructora de cimientos. Dadora de carácter. Esa clase de mamá se vuelve creativa en cuanto a cómo comunicarse con su hijo o se olvida de todo. Esa mamá establece una modalidad de justicia para su hogar. Habla con sabiduría. Llena de gracia. Quiera Dios que crezcamos en madurez espiritual y nos convirtamos en mamás que midamos nuestras palabras y sopesemos nuestras motivaciones. Aprovechemos esta oportunidad para educar a nuestros hijos varones, decididas a eliminar los gritos y los chillidos de las líneas de nuestra historia.

43

Un hijo necesita que su mamá

Haga del hogar el lugar más seguro de todos

Mi pueblo habitará en un lugar de paz, en moradas seguras, en serenos lugares de reposo.

Isaías 32:18, NVI®

Mis primeros años los pasé en una casita de un pueblo pequeño. Las entradas y salidas de nuestra vida diaria eran comunes y corrientes de acuerdo a todas las normas. De rutina. Promedio. Solo éramos una familia normal que llevaba una vida bastante típica de los estadounidenses. Trabajar duro. Asistir a la iglesia. Y lo más probable que fuera un poco aburrida. Hasta donde sé, todos los demás hacían más o menos lo mismo que yo.

Y entonces crecí.

Como mujer adulta, ahora me doy cuenta de que mis padres le hicieron a nuestra familia un regalo poco común. Cada día llegábamos a la casa nada lujosa, pero nuestro hogar común y corriente, con sus rutinas diarias, siempre fue el lugar más seguro de la tierra.

Puesto que soy mamá que les quiero prestar atención a las cosas, he podido observar a los amigos de mis hijos y escuchar sus comentarios. Para muchos de ellos, el hogar es un lugar donde les es difícil estar. Solo el hecho de crecer allí es bastante duro. Cuando un muchacho tiene un lugar seguro donde crecer, ese hogar se convierte en un verdadero regalo para él. Un regalo que ayuda a moldear su carácter.

En un hogar seguro, se te da una aceptación total y completa. Si te despiertas con el cabello desgreñado, no tienes problema porque estás en tu casa. Si tienes un gran orzuelo rojo en un ojo o la cara llena de acné, nadie de tu familia se avergüenza de que lo vean contigo. Están contigo siempre que haga falta, con espinillas y todo.

La gente en un hogar seguro se interesa por el lugar a dónde vas, con quién estás y cuándo regresarás a casa. No se preocupan porque desconfíen de ti. Se preocupan porque te aman.

La corrección y la disciplina se dan con gracia. El castigo se corresponde con la mala acción.

Los padres no se enojan por los errores de sus hijos. Los hijos pueden ser infantiles, torpes y desmañados por completo. En una familia suceden las cosas más tontas e incómodas. Habrá frustración, pero no emociones inapropiadas. La emoción es inapropiada cuando las personas se enfurecen por un césped mal cortado en el patio, pero no sienten nada cuando oyen hablar del hambre o el tráfico de drogas que hay en su ciudad.

En un hogar seguro, no se usan en tu contra tus errores ni sus consecuencias. Crecer significa que tal vez hicieras algo tonto ayer, pero estoy aprendiendo y hoy estoy tratando de hacer las cosas mejor que antes. Las familias seguras lamentan tus errores y sus consecuencias, pero no se pasan todo el tiempo recordándote la persona que has sido. En su lugar, prefieren creer en la persona que puedes llegar a ser.

La gente de tu familia siempre se alegra de verte.

Un hogar seguro es un lugar suave donde desplomarte. Cuando fracasas por completo y terminas tirado boca abajo en el suelo, el hogar es el lugar que te protege en tu caída.

Las presiones del mundo se disipan y te recuerdan una y otra vez que eres amado. Eres aceptado. No le tienes que demostrar nada a la gente que te ama. Quieres mejorar solo porque te apoyan.

No tienes que andarte con pies de plomo.

No se hacen preguntas acerca del amor. Ese amor no hay que ganárselo. Ni demostrarlo. Ni se puede comprar. Ni robar. Ni perder. El amor es un hecho. Es un hecho común, todos los días.

Nadie se despierta y se preocupa: *¿Qué voy a hacer mal hoy? ¿Qué culpa me van a echar esta vez?*

Tampoco se espera de ti que actúes como una persona mayor cuando no lo eres aún. Ni se espera que actúes como un chiquillo cuando eres una persona mayor.

Tu familia sabe que mientras se tengan unos a otros, pase lo que pase, todos van a estar bien.

Jesucristo es el centro de la familia. No uno de los padres ni uno de los hijos. Siempre, por encima de todo y en todas las cosas, Jesús.

44

Un hijo necesita que su mamá

Le diga que un hombre de verdad no le teme a un cuarto lleno de estrógeno

No juzguen por las apariencias; juzguen con justicia.
Juan 7:24, NVI®

Antes que comencemos, me agradaría hacer una declaración personal. En muchas ocasiones, he querido ser simpática o producir un momento de alivio en medio de una situación. Y entonces, en el esfuerzo por actuar con agilidad y dinamismo, lo que mi mente intentó que fuera cómico, para vergüenza mía, de mi boca salió la cosa que sonó más tonta que nunca.

Días después de un momento de gran estupidez, casi siempre me sigo recriminando mentalmente: *Ángela, ¿se puede saber qué te pasó? Tú eres una persona más compasiva. Tienes la educación suficiente para no actuar así. Eres una persona menos egoísta que eso*.

Así que esta es la cosa: Una persona puede tener un corazón grande de verdad, pero decir algo tonto. Se trata de un hecho demostrado.

Sin embargo, hay por lo menos dos razones más por las que la gente dice cosas estúpidas. O bien no les enseñaron o bien la estupidez es el estado de corazón que escogieron.

Jesús dijo: «El hombre bueno, del buen tesoro de su corazón saca lo que es bueno; y el hombre malo, del mal tesoro saca lo que es malo; porque de la abundancia del corazón habla su boca» (Lucas 6:45).

Nuestros hijos, por completo en su humanidad, van a cometer toda suerte de errores. Dirán cosas tontas que nunca quisieron decir. Harán juicios precipitados sin tener en cuenta los hechos. Repetirán lo que le oyeron decir a alguna otra persona, en lugar de formarse sus propias opiniones.

Las palabras que escribo a continuación no llevan la intención de atacar a los hombres. Mi misión en este libro es mucho más alta que eso.

Así que aquí va.

Casi el ciento por ciento de mi trabajo significa que me comunicaré con un grupo de mujeres. Grupos pequeños. Grupos grandes. No importa. Estos grupos de mujeres están por todas partes. En la costa este. En la costa oeste. No importa. De vez en cuando, hay algún hombre en la sala. Todas clases de hombres: pastores, conserjes, encargados del sonido, músicos de la orquesta, esposos, miembros de la junta, estrellas del cine... No importa.

Y demasiadas veces, de demasiadas maneras, he estado en una sala cuando uno de estos hombres le ha dicho sin pensarlo algo estúpido a ese grupo de mujeres...

Vaya, en esta sala sí que hay una cantidad inmensa de estrógeno. Me tengo que ir de aquí.

¿En este lugar es donde se reúnen las gallinas? Me pareció escuchar el cacareo desde el vestíbulo.

Ahora las voy a dejar para que hablen acerca de sus cosas de chicas, sean lo que sean.

Huy, esta cantidad de estrógeno es excesiva para mí. Necesito salir a levantar unas cuantas pesas.

Podría seguir diciendo cosas, pero te las voy a ahorrar. Con solo unas pocas frases, estoy segura de que entiendes lo que te quiero decir.

¿Por qué razón un hombre, de pie en una sala llena de mujeres, dejaría escapar semejantes tonterías dignas de personas de poco cerebro? Tal vez fuera algo sincero, sin mala intención, tonto. Quizá solo dijera lo que les ha escuchado decir a otros hombres. Es posible que lo mueva la inseguridad. La falta de preparación. La arrogancia.

Con un corazón lleno de gracia, les quisiera decir unas pocas cosas a algunos de estos hombres hechos y derechos:

Burlarse de las mujeres nunca los hará más masculinos.

No le caes bien a nadie cuando insinúas que un verdadero hombre no se deja atrapar en una reunión formada en su mayoría por mujeres.

Algunas veces, cuando «solo estás bromeando», la verdad que llevas en el corazón se deja ver con claridad y en voz alta. Nosotras escuchamos más de lo que te crees. Tal vez más de lo que querías que supiéramos.

En la sala de la que saliste «huyendo del estrógeno» había mujeres heridas. Tú no causaste esas heridas, ni nadie te responsabiliza por su sanidad. En cambio, solo durante un instante, tuviste la oportunidad de demostrar cómo les habla un gran hombre a otras mujeres.

Si un hombre llegara para casarse con tu hija, pero lo escuchas decir por casualidad que desestima las opiniones de ella debido a sus «hormonas», se burla de sus pasatiempos, la costura, el descenso por los rápidos o lo que sea, luego le dice que el tono más alto de su risa se parecía al de una gallina. Bueno, me imagino que sacarías a ese hombre de tu casa a cajas destempladas.

Mi esposo, Scott, ha estado vendiendo camiones durante veintiocho años. Es más, los camiones que vende son los más grandes que se fabrican en Norteamérica. Está rodeado de hombres muy masculinos durante todo el día. Mecánicos, conductores, ingenieros y clientes que necesitan camiones para los trabajos más duros, como los de construcción, transportar hormigón o hacer perforaciones. Créeme cuando te digo que mi esposo, hombre de hierro y vendedor de camiones, de casi dos metros de estatura, es siempre todo un hombre.

Cuando comenzábamos nuestro noviazgo, yo trataba a menudo de describirle a Scott lo que hago. Hablo en conferencias de mujeres en el mundo entero. Todas mujeres. Todo el tiempo. Negocio de camiones. Ministerio con mujeres. Creo que podemos estar todos de acuerdo en que entre estas dos cosas no hay conexión natural alguna. No me podría imaginar cómo un hombre del estilo de Scott podría sobrevivir en mi mundo.

En mi esfuerzo por asustarlo cuanto antes, le pedí que asistiera a algunas de las reuniones de mujeres en las que yo hablaba. Estaba segura de que «todo ese estrógeno» le daría horror y nuestro noviazgo se detendría de inmediato. A mí me agradaba mucho, pero no quería que esto siguiera adelante si mi mundo era «demasiado femenino» para él.

Hay un millón de cosas que te querría decir acerca de Scott, pero por hoy, he aquí una de las mejores cosas que he aprendido de él. Un hombre de verdad no le teme a una sala llena de estrógeno. No siente la necesidad de salir corriendo de la sala para ir a hacer flexiones de brazos. Un hombre de verdad no hace chistes descuidados acerca de las lágrimas de las mujeres, ni los chillidos que dan cuando se ríen. Un hombre de verdad estima el diseño divino y valora todas las formas en las que somos diferentes. Un hombre de verdad se sabe sentar con las mujeres para tener una conversación, escuchar sus bromas y protegerles el corazón. Un hombre de verdad trata siempre de comunicarles valores a otras mujeres, ya sean empleadas, simples conocidas, su hijastra o su esposa.

Así que mamá amiga mía, en lugar de dedicarnos a vituperar a los hombres, convirtámonos en moldeadoras de hombres. Tú y yo tenemos el privilegio de enseñarles a nuestros hijos a comunicarles valor a las mujeres en cualquier parte que estén.

Explícale en detalle a tu hijo las diferencias entre ambos sexos. Asígnales siempre el mismo valor a los dos. Recuérdale la sabiduría que tuvo el Creador al diseñarnos.

Cuando escuches una observación poco respetuosa acerca de una mujer, recuérdale a tu hijo que un gran hombre nunca habría dicho algo así.

Enséñale que las palabras y las bromas pequeñas pueden comunicar grandes cosas. Usa incluso las palabras pequeñas para bien.

Enséñale que los hombres fuertes saben usar palabras suaves.

Una sala llena de mujeres es una fuerza capaz de cambiar al mundo. Respetar esos corazones es algo más poderoso que humillarlos.

Los hombres de verdad siguen siendo hombres de verdad, aunque se pasen un fin de semana en un estadio donde haya veinte mil mujeres.

Los hombres de verdad siguen siendo hombres de verdad, aunque la conferenciante nunca utilice una ilustración tomada del fútbol para dar a entender su idea.

Quiera Dios que nuestros hijos nunca sientan la necesidad de humillar el hermoso diseño de una mujer. Ni para reírse un poco, ni para dejar brotar su inseguridad. Tampoco por ignorancia.

Enseñémosles bien.

45

Un hijo necesita que su mamá

Le enseñe acerca de los cristianos, los judíos, los musulmanes, los hindúes, los ateos y la bondad

Pero cuando se manifestó la bondad de Dios nuestro Salvador, y su amor hacia la humanidad, Él nos salvó, no por obras de justicia que nosotros hubiéramos hecho, sino conforme a su misericordia, por medio del lavamiento de la regeneración y la renovación por el Espíritu Santo, que Él derramó sobre nosotros abundantemente por medio de Jesucristo nuestro Salvador.

Tito 3:4-6

Aquí tienes la historia, tal como me la contaron:

Era nuestro primer día en el nuevo equipo. Sabía que mi hijo estaba un poco ansioso, así que decidí quedarme para ver las prácticas. No lo quería avergonzar ni que él me acusara después de haberme quedado vigilando, así que me senté en una silla junto a la cancha y fingí que leía un libro. Lo bastante lejos, pero tan cerca que pudiera escuchar.

Me imagino que me quedé ese día a causa de la semana anterior.

La semana anterior, mi hijo asistió a una fiesta de cumpleaños de la primaria con unos cuantos chicos de la escuela. Varios niños de su clase se enteraron de que somos judíos. Un comentario dio paso a otro, y terminaron arrinconando a mi hijo para burlarse de él. Entre muchas cosas, le dijeron que se iba a ir al infierno. Hubo lágrimas y palabras hirientes. Todo eso parecía más un juicio que una fiesta. Me sentí muy triste por mi hijo aquel día.

En la semana que transcurrió entre la fiesta y las prácticas, tuvimos varias discusiones en familia. Mi hijo tiene un espíritu fuerte y una buena comprensión de su herencia. Sé que va a estar bien. Aquel día, en cambio, la mamá osa en mí se quedó de todas maneras para vigilar las prácticas.

Él fue a encontrarse con su equipo. Yo abrí mi libro. El entrenador les dijo a los muchachos que formaran parejas y se fueran pateando la pelota de uno a otro de la pareja. Mi hijo comenzó a patearla con tu hijo.

Me imagino que mi hijo decidió que no estaba dispuesto a que se repitiera lo del fin de semana pasado y, viniera lo que viniera, lo quería recibir de frente. Puesto que, después que los muchachos patearon la pelota varias veces, oí decir:

Hola, soy Ethan.

Entonces, unas cuantas carreras y patadas.

Oye, me llamo William.

Más carreras detrás de la pelota y más patadas. Levanté la mirada para ver a Ethan con la pelota debajo del pie. Luego, miró a tu hijo y las primeras palabras que dijo fueron:

Oye, William... Yo soy judío.

En este punto de la historia, sentí que el pecho se me quedaba sin aire. William era muy pequeño. Era demasiado jovencito para comprender todas las complejidades de la decisión que tomó Ethan. Todo lo que pude hacer fue morderme el labio y aferrarme a la esperanza en cuanto a sus próximas palabras. Me pasaban a gran velocidad por la cabeza todos los escenarios posibles. Y mis oraciones fueron inmediatas: *Señor, te ruego que esto salga bien. Cualquiera que sea lo que haya hecho William, cualquier cosa que haya sucedido, te ruego que me indiques cómo enderezar esto.*

La madre de Ethan siguió hablando:

Miré a mi hijo y me di cuenta de lo que estaba haciendo. Lo pude ver en sus ojos de niño pequeño. No se iba a dejar atrapar fuera de guardia, como en el fin de semana pasado, así que creo que decidió que lo mejor era poner todas las cartas sobre la mesa. Pude ver cómo se erguía sobre aquella pelota decidido a mantenerse fuerte, cualquiera que fuera la respuesta.

Entonces, tu hijo miró al mío, se encogió de hombros y le dijo: «Bueno, Jesús era judío».

Mi hijo esbozó una pequeña sonrisa. A tu hijo no le importaba nada de eso. Y salieron corriendo juntos, pateando la pelota y riendo.

Todo lo que pude pensar en ese momento era que tenía verdadero interés en conocer a la mamá de William.

Yo casi caigo al suelo llena de gratitud. Es decir, que por el amor de Dios, una trata de enseñar bien a su hijo. Espera poderle poner un poco de sabiduría en el corazón. Sin embargo, en un momento así. Cuando son tan jovencitos. Esa historia podría haber terminado de un millón de maneras distintas. Bendigo a Dios por ese momento tan lleno de inocencia para William y tan lleno de sanidad para Ethan.

Lo que comenzó como un poderoso momento entre dos niños pequeños se convirtió en una historia mucho más dulce para todos nosotros. Después de un anuncio judío y una respuesta cristiana, Ethan y William se convirtieron en grandes amigos. Leslie, su mamá, se hizo amiga mía. Y nuestras familias tuvieron el privilegio de compartir su vida durante varios años. Barbacoas, paseos en barco por el lago, torneos de fútbol los fines de semana, juegos y prácticas. El *bar mitzvah* de Ethan y, por último, la celebración de nuestra boda. Ahora vivimos a horas de distancia, pero pensamos en ellos con frecuencia, echamos de menos los tiempos que pasamos juntos, y siempre estaremos agradecidos porque Dios nos reunió.

En los años desde entonces, nuestros hijos han hecho amistades con otros muchachos de muchas creencias distintas y muchas procedencias culturales. Cuando el corazón nos dirige con bondad y no con juicio, el alma de la persona se convierte para nosotros en lo más importante, no el color, ni el fondo de las creencias, ni el país de origen, ni los datos históricos. Cuando conocemos a una persona y lo primero en que pensamos es en su alma, en especial cuando esa persona es un muchacho adolescente, hay una dulce oportunidad de representar a nuestro Jesús tal como Él afirmó ser:

> Porque de tal manera amó Dios al mundo, que dio a su Hijo unigénito, para que todo aquel que cree en Él, no se pierda, mas tenga vida eterna. Porque Dios no envió a su Hijo al mundo para juzgar al mundo, sino para que el mundo sea salvo por Él (Juan 3:16-17).

Nos honra recibir en nuestro hogar a muchachos que no creen lo mismo que nosotros. La honra se hace mayor aún si tenemos la oportunidad de hablar de nuestra fe, referirnos a los malentendidos o las impresiones indebidas, o tal vez incluso llevar sanidad donde otros causaron heridas.

No soy ingenua en cuanto a estos pensamientos. Entiendo que vivimos en un mundo repleto de grandes divisiones de tipo religioso. Abunda la maldad en muchos corazones. Y hay una incontable cantidad de lobos disfrazados con pieles de ovejas.

Aun así, también creo que nuestros hijos varones se pueden convertir en esa clase de hombres que no temen reconstruir puentes, combaten la maldad y ponen al descubierto el engaño. Van a ser grandes hombres que

- rechazarán los prejuicios
- retrasarán sus juicios
- razonarán con sabiduría
- serán bondadosos con los demás
- verán a las personas a través de los ojos de Jesús

Gracias a Dios, hoy en día casi todos nuestros hijos salen a jugar mientras las preocupaciones de este mundo siguen muy lejos de ellos. Sus pequeños hombros están libres aún de las cosas que puedan llegar a existir y de las cargas que van a llevar encima. Sus mentes están libres todavía de las discusiones y las divisiones gravosas.

Así que por el día de hoy, en que aún son nuestros, y mientras tengamos esta influencia, llenemos sus corazones de bondad. Más adelante en el camino, ya tendrán suficientes diferencias que poner en orden. Enseñémosles a dar lo que se les ha dado.

46

Un hijo necesita que su mamá

Mueva cielo y tierra por sus campeonatos

Porque donde ustedes tengan su tesoro, allí también estará su corazón.

Lucas 12:34, RVC

Yo era una madre soltera con cuatro hijos.

Creo que William tenía ocho o nueve años.

Cualquiera que fuera su edad, había logrado por fin inscribir al niño en un equipo de fútbol que había en nuestro vecindario. La liga era de esas en las que había poca tensión, porque solo se quería que los muchachos pasaran un buen tiempo. El único problema era mi velocidad. Lo cierto es que no nos importaba en qué clase de liga estábamos, porque William jugaba fútbol y se sentía feliz. Así que yo estaba feliz.

Después de dos meses en nuestra poco estresante y poco comprometida liga, un buen papá cuyo hijo también jugaba me preguntó si aceptaría dejar que William jugara fútbol en un club. Luego, me trató de explicar lo que es el fútbol de un club. No estoy muy segura de lo que me dijo, pero lo que oí significaba muchas prácticas, gran cantidad de juegos, viajes a los torneos de fin de semana y pagos mensuales. Yo le dije a aquel papá que estábamos contentos donde estábamos y que no veía razón alguna para pasar a una liga diferente. Además, William solo era un niño pequeño y solo se trataba del fútbol.

Entonces, aquel papá me dijo estas dos cosas: «Para mí no es problema pasar por su casa para llevarlo a las prácticas y traerlo de vuelta. Y, Ángela, tal vez usted no se dé cuenta de esto, pero William ya tiene la clase de habilidades para el fútbol que un día le podrían pagar sus estudios en la universidad».

Yo lo inscribí.

Poco sabía en esa época cuánto gozo le traería a nuestra familia el gran deporte del fútbol. Todos los años desde entonces han estado llenos de otros padres que se han hecho amigos nuestros, entrenadores que se han convertido en buenas influencias y la loca diversión de la que hemos disfrutado riendo y animando juntos a un puñado de muchachos que andaban persiguiendo un balón lleno de aire. (Gracias, entrenador Reitnour, porque nos recordaba esto a menudo).

Uno de los primeros grandes entrenadores que tuvo William fue Jason Barnes. El equipo tendría pronto un viaje a un torneo y yo tenía mi agenda repleta. Jason me dijo que cuidaría de William. Otra familia se ofreció para dejarlo dormir en su cuarto. Yo me sentí agradecida por la ayuda y pensé que William iba a tener el mejor fin de semana de su vida sin que su mamá anduviera cerca.

El domingo por la tarde, el equipo regresó a casa y Jason me llamó desde su auto. Era evidente que William no se comportó como de costumbre en todo el fin de semana y todo el mundo lo notó. No estaba enfermo, ni lesionado, pero no jugó como sabían que podía jugar. Jason me dijo que los demás padres y él llegaron a la conclusión de que William no fue el mismo porque yo no estaba allí. *¿Qué dice? ¿Eso es cierto?* A decir verdad, me quedé estupefacta. Yo amo a William y él me ama a mí, pero no me podía imaginar que mi presencia, o la falta de ella, influyeran en su juego.

Además, yo era una mamá nueva en el fútbol y la mitad del tiempo no tenía ni idea de por qué el árbitro tocaba el silbato ni por qué la gente siempre gritaba: «¡Fuera de juego!». El entrenador Jason habló con William después del torneo. Lo mejor que puedo recordar lo que me dijo es que su conversación se desarrolló de esta manera:

William, la forma en que juegas al fútbol es un don que te dio Dios. Cuando usas ese don, lo glorificas a Él. Sé que echas de menos la presencia de tu mamá aquí, pero quiero que comprendas algo. Por ser seguidores de Jesús, tenemos el llamado a hacerlo todo para el Señor: el fútbol, los problemas de matemáticas, el arreglo de la cama, todo. Tu mamá no va a estar siempre junto a la línea de banda animándote, pero incluso cuando esté, quiero que juegues el fútbol para honrar al Único que te dio unas piernas fuertes y una mente despierta.

Para cuando Jason terminó su llamada, yo era una mamá llena de lágrimas. Agradecida por nuestro piadoso entrenador. Y humilde al recordar que ser una mamá en las graderías importa de verdad.

Hace algunos años, William centró la mayoría de su concentración y sus energías hacia los estudios académicos, una decisión que nosotros confirmamos de todo corazón. Sin embargo, con sabiduría, conservó el fútbol en su vida por un millón de razones excelentes. Así tiene la oportunidad de jugar para un entrenador de los que se encuentra uno solo en toda la vida y cuya misión incluye el uso del fútbol para edificar grandes hombres. Sus compañeros de juego del equipo colegial se han convertido en una banda de hermanos. Y en su equipo, los mayores se convierten en líderes siervos.

Cuando se acercaba su último año del instituto, yo tenía varias decisiones personales que tomar. Por lo general, mi trabajo me lleva fuera de la ciudad los viernes por la noche, en especial durante el otoño. En los años pasados, pude asistir a una gran cantidad de partidos, pero me rompía el corazón ver que me perdía demasiadas noches especiales. Para cosas importantes, como los juegos finales del estado y el juego de vuelta a casa de los antiguos alumnos, hice planes para asistir hasta que hubo un conflicto en la escuela y se cambió la fecha. Nunca he llorado tanto, de pie sobre un monte de California tratando de conseguir suficiente cobertura por el celular para el vídeo chat con mis hijos, todos vestidos de gala para el banquete de bienvenida a los antiguos alumnos en Carolina del Norte, sin mi presencia.

Por una parte, en realidad, no tenía decisión alguna que tomar. Por el amor de Dios, es su último año de fútbol colegial. Por otra, el otoño es la estación en que estoy más ocupada con mis viajes y está repleto de maravillosas oportunidades para enseñar. Y entonces, a decir verdad, cada vez que pensaba en cortar mis tres meses más productivos para conseguir ingresos que pagaran sus estudios, me sentía un tanto incómoda. Una mujer más lista que yo habría hecho algunas preparaciones de tipo económico para una disminución tan fuerte de sus ingresos. Sin embargo, había decidido que, aunque eso significara que me tuviera que meter en deudas, me iba a quedar en casa el año siguiente para estar con mi hijo. Como es evidente, no sirvo como consejera en el campo de las finanzas.

Pero este es el último año.

Así que este año, le dije al director de atletismo que celebrara esa bienvenida a los antiguos alumnos cuando quisiera. Que cambiara la fecha. Que cambiara la celebración dos o tres veces si le parecía. Puesto que sucediera lo que sucediera, yo iba a estar allí.

Mover cielo y tierra para no perder sus últimos juegos fue la decisión más fácil que yo tomara jamás.

Hoy en día, William sabe para Quién juega. Y por fin Scott me enseñó lo que significa *fuera de juego*. Entonces, después del juego y sin importar el resultado del partido, soy la mamá más feliz del planeta.

Finalmente, mi hijo atraviesa la cancha para venir a abrazarme. Yo lo beso y le digo: «Buen juego, cacahuete». Puedo percibir su maloliente camiseta. Me da unos cuantos libros para que se los lleve. Nuestra familia se queda detrás de las gradas, narrando las grandes jugadas, riendo con los otros padres y chocando los cinco con sus hijos que amamos como si fueran nuestros.

Alguien decide dónde ir a comer y todos nos dirigimos a nuestros autos.

Y el aire de la noche se cierne pesado a mi alrededor con la verdad.

El juego no es lo que importa.

Lo que sea que me pierda fuera de la ciudad en el camino tampoco importa.

En cambio, una cosa sé de seguro: No hay nada más dulce. No hay honor ni elogio más importante. No hay gozo mayor que ser su mamá y sentarme en las gradas para ver todos sus últimos juegos.

47

Un hijo necesita que su mamá

Cuente los días

Porque mil años ante tus ojos son como el día de ayer que ya pasó, y como una vigilia de la noche.

Salmo 90:4

Casi acabo de llevar a William a su primer día de preescolar. *Parpadeo.*

Ayer, comenzó su último año del instituto.

Parpadeo. Parpadeo.

Y todo el asunto transcurrió tal como me lo dijeron.

Cuando di a luz a mi bebé, me dijeron que lo viviera todo con intensidad porque los días pasarían veloces, y yo asentí. Cuando me preguntaba si dormiría alguna vez durante toda la noche, me advirtieron que no deseara que desapareciera algún día. Pensé que comprendía. Hoy, todo mi ser quiere gritar: *Por favor, ¿querría el mundo entero dejar de hablarme acerca de la universidad? ¡¿Acaso no saben que mi niño acaba de comenzar el preescolar?! Y ahora que estamos hablando de eso, ¿querrían todos ustedes dejar de estarme empujando por el camino? Yo apenas estoy aprendiendo a ser su mamá.*

Sin embargo, aquí estamos. En el último año de William en el instituto.

Que conste, tenían razón todas las personas inteligentes que me amonestaron con un impertinente: *No, cariño, antes que te des cuenta, ya habrá crecido.* Sí que tenían razón. Y en este mismo minuto, es terrible ver cómo siguen teniendo razón. De manera oficial, he decidido no decirle nunca eso a nadie, jamás. Cuando una no puede cambiar el tamaño del día, lo mata el que se le recuerde una y otra vez que se va a acabar antes que una se dé cuenta. Entonces, cuando tienen razón y los años pasan, te sientes enojada con todos los que te lo dijeron, fuera cuando fuera.

Mis primeros dieciocho años en esta tierra duraron una eternidad. Estuve allí. Los viví. Y aún puedo testificar que fue cierto. Me tomó una eternidad crecer. Cuando sus dieciocho primeros años le parecen una eternidad, una mamá no se puede imaginar lo que sucederá el día en que su bebé respire por vez primera. Te voy a decir lo que sucedió. Cuando nació mi hijo, su primer aliento puso de cabeza a la ciencia y echó abajo cuanta teoría sobre espacio y tiempo me aprendí de memoria en física.

Tal vez los eruditos definan el *tiempo* como la progresión continua de la existencia y de los sucesos en una sucesión aparentemente irreversible. Entonces, es posible que los matemáticos añadan que cuando se usa el mismo intervalo (un año) para medir la misma progresión (la traslación de la tierra alrededor del sol), la respuesta siempre será la misma. Un año es una vuelta alrededor del sistema solar, un conjunto de cuatro estaciones, un grupo de doce meses, un total de trescientos sesenta y cinco días, más o menos. Cuando nuestros hijos varones lleguen a los dieciocho años, habrán viajado alrededor del mismo sol, y celebrado en el mismo día, el mismo número de veces. El tiempo que mide sus años es justo el mismo, hablando desde el punto de vista científico.

Las mamás que tienen hijos en el último año del instituto saben que todas esas jerigonzas no son más que una inmensa mentira.

Ciencia, tonterías.

Algo sucede en el día en que nacen que ni siquiera la física cuántica puede explicar. Es un factor para el que la ciencia no tiene medida alguna. Cuando una madre se enamora de su hijo, las ecuaciones ya no pueden seguir calculando la duración de los días. Aunque la tierra se siga moviendo alrededor del sol exactamente a la misma velocidad, cuando los días quedan envueltos en el amor de una madre, nunca se vuelve a medir el tiempo como antes. Y esto es lo que nadie te dice.

El amor a un hijo lo cambia todo. Todas. Las. Cosas.

La ciencia entera se viene abajo a la luz del amor de una madre. Hay que volver a escribir las teorías. La lógica queda en ruinas. Y el tiempo... bueno, cuando una madre ama a un hijo, el tiempo que tenemos nunca será suficiente.

Si aún no has llegado allí, uno de estos días va a ser por fin el primer día del último año del instituto para tu hijo. En ese día, esto es lo que quiero que hagas.

Asegúrate de salir con él afuera de la casa donde le puedas tomar su sonriente fotografía del primer día del último año de clases. Quédate allí de pie, sonriendo, mientras él vuelve corriendo a la casa en busca de las cosas que se le olvidaron. Los años te han enseñado bien y ahora es divertido saber lo que va a pasar. Obsérvalo mientras mete todas esas cosas en su auto, reajusta su asiento y después se toma demasiado tiempo hasta encontrar la música perfecta para el día de vuelta a las clases. Ahora, agitas los brazos como loca mientras él da marcha atrás con su auto en el estacionamiento y después lo dirige hacia el año más emocionante que haya conocido jamás. Es un día bueno, te lo aseguro. Tú has trabajado como una loca para mantener vivo a ese muchacho tuyo y hacer que llegue con seguridad hasta este momento. Es un día bueno de verdad.

Cuando vuelvas a entrar en la casa, quiero que te tomes unos cuantos minutos de silencio para recordarlo todo. Los años. Los días. Las aventuras. Las lágrimas. Antes de salir del silencio, anota los factores de esta última ecuación. Suma todas estas cosas:

Todos sus años
+ todo lo que le has dado
+ todos los lugares
+ todas las personas
+ todos los obstáculos
+ todas las victorias

Te puedo asegurar por adelantado que la suma total de tus recuerdos no va a acercarse siquiera a esos dieciocho años. La matemática se vendrá abajo cada vez que lo intentes. Como puedes ver, Dios nos da a las mamás un don mayor con una ecuación que casi siempre es como esto:

Sus días + todos tus recuerdos x el poder de un amor de madre = *un parpadeo.*

Si cuentas cada uno de sus días hasta que terminen y la suma total de todo esto es un parpadeo, ponte de rodillas y alaba a Aquel que encomendó ese muchacho a tu amor. Dios te entregó un hermoso regalo.

Es de esa clase de regalos que me hace reflexionar. Cuando el amor de una madre cuenta los días, ¿acaso es eso el más mínimo presagio de lo que aún habrá de ser? Tal vez cuando estemos en la presencia del amor de Dios, tratando de contar la eternidad por años, necesitemos otra manera de calcular distinta por completo.

El escritor de un himno parece que estuvo pensando en esto mismo cuando escribió: «Mi alma cantará tus alabanzas sin cesar, diez mil años y después por toda la eternidad». Tal vez fuera ese el plan de Dios desde el principio. Quizá, cuando conozcamos el amor de una madre por su hijo, habremos sentido el sabor del gran amor del cielo.

De manera que sí, nunca le voy a volver a decir a nadie: *Ese bebé crecerá y se marchará antes que te des cuenta.* Cuando veo a una dulce mamá con su nuevo bebé cargado, pienso que se supone que diga esto:

Le pido a Dios que haga por ti lo que hizo por mí. Tengo la esperanza de que cuando tu hijo crezca y pasen los años, todos esos días te parezcan un parpadeo. He aprendido que la única forma en que una serie de años pueden igualarse alguna vez a un parpadeo es cuando se vivieron en la presencia de un amor indescriptible.

Ah, hermana, espero que parpadees.

48

Un hijo necesita que su mamá

Le enseñe a ser un joven elegante (de la mejor manera posible)

Nada hay mejor para el hombre que comer y beber y decirse que su trabajo es bueno. Esto también yo he visto que es de la mano de Dios. Porque ¿quién comerá y quién se alegrará sin Él?

Eclesiastés 2:24-25

Soy la hija de un hombre dedicado a la venta de productos agrícolas. Mucho antes de que estos productos se consideraran beneficiosos para la salud, mi papá y su hermano eran dueños de un puesto de frutas junto a la carretera. Tenían la clase de negocio familiar donde se daba por sentada la participación de la familia. Si formabas parte de la familia, estabas en el negocio del puesto de frutas. A los niños no nos preguntaban qué nos gustaría hacer un día porque no importaba en realidad. Cuando ya tenías estatura suficiente para ver por encima del mostrador, ¡había llegado la hora de trabajar!

Desde los diez años hasta que estuve en el segundo año de la universidad, solo trabajaba unos cuantos días a la semana durante el verano y un turno de seis horas la mayoría de los sábados. En Navidad, toda la familia colaboraba para hacer centenares de canastas de frutas para los regalos de los empleados de las corporaciones. Cuando llegaba la víspera de Navidad, estábamos congelados y exhaustos. En el verano, cuando abundaban los productos agrícolas, estábamos acalorados y exhaustos, pero ninguno de nosotros recuerda esos años con resentimientos de ninguna clase. Es más, cuando estoy con mis primos, nuestros mejores recuerdos son historias que sucedieron en el puesto de frutas. Creo que todos estarán de acuerdo en que a cada uno de nosotros lo moldeó de manera profunda la sencilla y dura labor que realizábamos juntos.

Resulta que estábamos por completo en la onda en ese entonces, décadas por delante de nuestros tiempos. En el Puesto de Frutas Thomas, todo lo que teníamos era local, orgánico, a la antigua, recuperado, clásico, casero, de la granja a la mesa, hecho en casa y artesanal. Una estufa de leña nos mantenía calientes en el invierno. Cada verano, mamá hacía edredones, mantequilla de manzana y frijoles enlatados. Todo lo que vendíamos en el puesto de frutas que procedía de un huerto, una granja o la cocina de alguien.

Mis hijos te dirán que, hasta el día de hoy, tengo debilidad por los puestos de fruta y los mercados de los granjeros. Si hay una mesa plegable junto a la carretera con unos cuantos tomates, un par de pepinos y un cartel escrito a mano que diga *Cultivados en casa*, eso es todo lo que necesito ver. Soy capaz de irme pasando de una carrilera a otra, hacer un cambio de sentido y hasta atravesar algún que otro campo para llegar hasta esa persona que tiene algo honrado y local que vender. Los olores. La falta total de pretensiones. La belleza de todo eso. No, qué va. Los mercados locales son los que me hacen frenar. Soy una mujer que está en la onda de corazón.

Por eso es que me siento muy animada por esta generación y su renovada apreciación de las comidas saludables y buenas, su apoyo a los vendedores locales y el renacimiento de las artes manuales. En un mundo complejo que se sigue moviendo con mayor rapidez que la que puede reportar la internet, una nueva generación está reconociendo la belleza del tiempo invertido, el trabajo duro y la artesanía. Todo eso me encanta.

Durante nuestra vida, es posible que los Doritos sean siempre los reyes de las meriendas. La producción en masa y los productos baratos podrán ser siempre la estrategia más eficaz desde el punto de vista del precio. Sin embargo, por el bien de nuestros propios muchachos, enseñémosles un poco eso de estar en la onda, de la mejor manera posible.

En nuestra casa, me es imposible por completo comprarlo todo orgánico, así que voy buscando y escogiendo, comprándoles tantos víveres como puedo a los agricultores locales y hasta haciendo una pequeña huerta en nuestro patio la mayoría de los veranos. Algunas veces nos vemos forzados a comprar vegetales en las tiendas, pero he tratado de enseñarles a mis hijos que las cosas cultivadas en casa son siempre las mejores. Los llevo conmigo a las ferias de productos artesanales, presentándoles mis hijos varones a los artesanos porque quiero que ellos les den valor a las cosas que las personas honradas pueden producir con su duro trabajo. Les digo cosas como: «Para mí, ninguna galleta comprada en una tienda vale ni siquiera las calorías que tiene. Yo estoy ahorrando todas mis calorías para saborear algo hecho en casa». Hace años, yo era como todo el mundo, pasaba en el auto por la ventanilla del restaurante McDonald's para comprar una comida de niño sin una comprensión real de lo que comíamos. Sin embargo, esa mujer ya aprendió y no quiero que mis hijos cometan los mismos errores. Si me gritan desde el asiento trasero: «¡Comida rápida!», lo que van a oír decir a su mamá es: «¡De eso nada!».

Ahora bien, esta es la cuestión. No toda la comida que hay en nuestra despensa es orgánica. No todos nuestros muebles se hicieron a mano. Yo no soy tan genial para volverme a enfocar como desearía. Todavía tenemos muchas cosas de plástico. Casi todos nuestros muebles se fabricaron en serie y se desvencijarán en unos años. Yo no hice nuestra ropa, ni las cortinas, ni teñí pieles para hacerles sus zapatos. Somos tan modernos como el que más.

Con todo y eso, cuánto anhelo que ellos aprecien y acepten los mejores valores de nuestro viejo puesto de frutas. El gozo del trabajo duro. La frugalidad. La bondad con todas las personas, en especial con las hambrientas. La calidad de la comida fresca cultivada de manera natural y comida con sencillez. Que apreciaran todas las cosas que la gente hace con las manos: una maravillosa huerta, una comida estupenda, un frasco de jalea, las palabras de un libro, la música, el arte, una casa construida con las manos o un portal recién barrido.

Quiero que mis muchachos se transformen en hombres que se detengan ante los puestos de los granjeros. Que sean de la clase de hombres que les hablan con bondad a las personas que venden melocotones, cometas o lo que sea. Hombres que hagan preguntas acerca de la forma en que se hacen las cosas y aprecien el trabajo de esas personas, cualquier que sea su aspecto externo o su nivel de educación, por increíblemente diferentes que les parezcan. Quiero que cada vez que puedan prefieran las cosas orgánicas a las procesadas. Quiero que le encuentren valor al trabajo de barrer un buen suelo, preparar una comida para su familia y prender una fogata que caliente en un día de nieve. Tengo la esperanza de que sepan que algunas de las cosas mejores son lentas, aunque el mundo les grite: *¡Más rápido, más rápido!*

Bromeo cuando te digo que les enseñes a tus hijos varones a estar *en la onda*. Yo no soy socióloga y, en realidad, no comprendo del todo ni siquiera lo que significa esa expresión. Todo lo que sé es que la gente que está en la onda actual estima la misma clase de cosas que aprendí yo en el puesto de frutas. Si parte de ese estar en la onda significa tener aprecio por unos valores sinceros, una comida sincera, unos materiales sinceros, esa es la parte de estar en la onda que tengo la esperanza de que prenda en sus almas.

Además, enseñarles a estar un poco en la onda es mucho mejor que: *Hijo, ven aquí, y deja que mamá te diga lo que aprendió mientras crecía en el puesto de frutas...*

49

Un hijo necesita que su mamá

Lo prepare para cosas mayores

Porque somos hechura suya, creados en Cristo Jesús para hacer buenas obras, las cuales Dios preparó de antemano para que anduviéramos en ellas.

Efesios 2:10

Hace algunos años, me dieron a conocer la obra de la organización cristiana llamada *World Vision*. Su ministerio está dedicado a trabajar con niños, familias y comunidades del mundo entero. Una de las formas hermosas en que *World Vision* combate la pobreza es a través de su programa de apadrinamiento de niños que enlaza a unos patrocinadores solidarios con unos niños en gran necesidad.

Desde que oí hablar de esos niños y de sus grandes necesidades, nuestra familia se ha ido comprometiendo hasta apadrinar a nueve niños: cinco en el África y cuatro en Bolivia. Estos años pasados de conexión con nuestros niños apadrinados han sido una forma magnífica de enseñarles a nuestros hijos una gran cantidad de lecciones de ternura y poder. Intercambiamos cartas, les enviamos regalos y recibimos a menudo noticias acerca de sus estudios y sus actividades, con fotografías y todo.

Sin embargo, hace dos años sucedió algo en nuestra familia que nos transformó la vida. Los seis tuvimos el honor de viajar a Bolivia con *World Vision* durante diez días. El principal propósito de nuestro viaje era que yo tuviera la oportunidad de ver y comprender de una manera más completa el efecto que *World Vision* está teniendo en más de cien países. Antes, ya había viajado para presenciar la obra que realiza en Sudáfrica, pero esta vez era toda nuestra familia la que iba. Yo estaba que no cabía de gozo. Estaba muy ansiosa por presentarles a mis hijos las vistas y los sonidos de otro país tan diferente al nuestro.

Cuando llegamos a nuestra primera aldea, habíamos tomado tres vuelos y el último había aterrizado en uno de los aeropuertos del mundo situados a mayor altitud. Nos apiñamos todos en una pequeña furgoneta para una escapada a medianoche montaña abajo hasta la ciudad de La Paz. Al día siguiente, nos encontramos con los líderes nacionales de Bolivia en las oficinas centrales de *World Vision* y después nos volvimos a meter como pudimos en más autos para un viaje de cinco horas hasta nuestra primera parada, que a nosotros nos pareció que tenía que estar muy cerca de los confines de la tierra. De veras. Nunca había visto un paraje tan desolado y tan hermoso. La altitud era tanta, y la distancia tan larga, que yo no dejaba de pensar en esto: *¿Cómo es posible que haya gente aquí?* Y a esto le seguía de inmediato otra idea: *Si vive gente allí donde vamos, ¿cómo es posible que alguien la encuentre?*

Nuestros días siguientes estuvieron llenos de encuentros que nos abrieron los ojos y nos conmovieron el corazón por la gente más feliz que haya conocido jamás. Todas las vistas y todos los sonidos nuevos de Bolivia eran asombrosos, y el paisaje no se podía comparar con nada que hubiéramos visto jamás. En cambio, hasta el día de hoy, nuestros recuerdos más preciados son los días que pasamos con los niños que apadrinamos y con sus familias. Unos niños reales y maravillosos que viven tan lejos de todo, pero sus corazones y sus necesidades son muy semejantes a los nuestros. Cantamos, jugamos fútbol y comimos más carne de llama de la que yo sabía que existía.

Una mañana, mientras estábamos aún allí, me desperté un poco temprano para dedicar un tiempo a orar por el día. En algún punto de mis oraciones, le comencé a dar gracias a Dios por nuestra estancia en Bolivia y, por algún motivo, mi oración comenzó a parecerse a esto.

Señor, gracias por traerme a este lugar tan asombroso. Gracias porque tengo ojos para ver que tú estás aquí y por tener la oportunidad de presenciar lo que estás haciendo. Enséñame mientras estoy aquí. Muéstrame lo que debo hacer con lo que estoy viendo. Dirígeme por medio de tu Palabra. Quiero ayudar y servir. Señor, úsame.

Esa mañana, oraba con todo el corazón, y creo que Dios en su bondad escuchó y recibió todas mis oraciones. Incluso, antes de que terminara de orar, en mi espíritu se produjo algo que fue como un grito. He aquí lo que creo que le escuché decir a Dios:

Ángela, gracias por esas oraciones. Pero en realidad, este viaje es mucho más grande que tú. Traje a tu familia a Bolivia para enseñarles a tus hijos. Ellos van a hacer cosas mayores que todo cuanto tú hayas soñado jamás.

¿Te puedo decir lo mucho que esa interrupción del Espíritu Santo significó para mí? Comencé a derramar lágrimas de gozo, humillada y casi sollozando. Nunca se me había ocurrido comenzar a prepararlos para una labor mayor aún que cuanto yo llegaré a ver jamás. Justo después de estudiar en la universidad, estaba segura por completo de que Dios me llamaba a toda una vida en el ministerio. Esa mañana sentí como si hubiera recibido la siguiente entrega de su llamado.

Preparar a mis hijos para cosas mayores.

Desde ese día en Bolivia, he sido mucho más consciente de mi misión. Ahora que mis hijos varones ya son adolescentes y los años de tenerlos siempre bajo mi techo casi terminan, siento la urgencia de darles experiencias y tener con ellos conversaciones que los ayuden a prepararse para esas cosas mayores.

Les hablo con más franqueza acerca de las luchas por las que pasan los seres humanos, tanto aquí en nuestro país como en lugares lejanos. Cuando eran pequeños, esa clase de conversación era casi inadecuada y temible, pero poco a poco, ahora necesitan conocer más.

Estoy trabajando fuerte para comunicarles la compasión por las personas que viven en la pobreza, las víctimas y los que están atrapados en las cadenas de la adicción y del sufrimiento. Ninguno de ellos tenía la intención de terminar en ninguna de esas situaciones. Todos se sienten heridos y necesitan ayuda.

Jesús dijo: «A todo el que se le haya dado mucho, mucho se demandará de él; y al que mucho le han confiado, más le exigirán» (Lucas 12:48). Tengo la esperanza de impartirles a ambos tanto el deber como la bendición de obedecer a Jesús. Por ejemplo, con unos estudios excelentes viene la responsabilidad de usar esos estudios para el bien y para la gloria de Dios. Espero que comiencen a comprender el deber que acompaña a muchas de las bendiciones que han recibido.

Ahora conversamos de una forma más deliberada acerca de lo que sucede en el mundo, en la esperanza de que se interesen, conozcan más acerca de los líderes clave y de sus países, y sepan cuáles son las luchas a las que se enfrentan. Los hijos varones que no saben lo que está pasando en su mundo no están preparados para cosas mayores.

He sentido fuertemente que debo mantener la mayor parte de mis obras de compasión escondidas, incluso de mis hijos. Nada de tocar trompeta cuando tenga una oportunidad de ayudar o de servir. En estos días actúo de una manera más deliberada en cuanto a incluir a mis hijos en callados actos de servicio y de compasión en los que no hay fanfarria ni registro escrito para conservarlo, a fin de usarlo para las solicitudes de ingreso a las universidades.

Estoy aprendiendo a ampliar mis propios intereses, de manera que tenga más que darles a estos hijos míos que necesitan tener profundidad. Sin embargo, al mismo tiempo, quiero conocer el grandioso valor de las cosas sencillas y los días más lentos. En una vida sin prisas y una mente sin estorbos, Dios puede decir cosas mayores.

A veces, querría haber oído antes el grito de Dios, pero confío en que el momento escogido por Él fuera el perfecto para nosotros. Así que, quizá con esta lectura tú comiences a preparar a tu hijo más pronto que yo.

Casi todas las mamás que conozco ansían preparar a sus hijos para que se conviertan en grandes hombres.

Creo que Dios me ha llamado a más.

Preparemos a nuestros hijos varones para que se conviertan en grandes hombres y, con sus vidas, hagan cosas mayores que todo cuanto nuestra mente sea capaz de concebir.

50

Un hijo necesita que su mamá

Le enseñe que las cosas más difíciles son las que se hacen primero

Todo lo que tu mano halle para hacer, hazlo según tus fuerzas.

Eclesiastés 9:10

Es posible que este sea el consejo más directo y poderoso que se expresara jamás:

Haz primero lo más difícil.

Punto. Fin del mensaje. No queda nada que analizar, meditar ni alegar. No hay ninguna cosmovisión filosófica que aceptar ni rechazar. No hay dudas de ninguna clase acerca del mismo. Este transformador adagio es muy sencillo. Solo necesitas despertar cada día y saltar a hacer lo más difícil de cuanto tengas que hacer. Hazlo antes que tu cabeza tenga tiempo de convencerte para que no lo hagas o tu cuerpo haya gastado la energía que se necesita para enfrentársele.

Haz primero lo más difícil. Todos los días. En todas tus responsabilidades.

No estoy segura de qué manera me estuve perdiendo algo tan fácil de comunicar, pero ni siquiera puedo recordar haber escuchado este principio en mi niñez ni tampoco en mi adolescencia. Desperdicié una gran cantidad de tiempo tratando de trabajar de manera que las cosas difíciles fueran las últimas. Dedicándome primero a las cosas de poca importancia que tenía en mi lista. Retrasando esas cosas difíciles inevitables, dejándolas para el día siguiente.

Mi enfoque mental era algo que se parecía más a cuando nos estiramos antes de hacer ejercicio. Me imagino que temía tirar de algún músculo del cerebro, así que en lugar de dedicarme de lleno a lo difícil, terminaba haciendo círculos mentales y emocionales a su alrededor. Mis círculos venían completos, con escritos a mano, preocupaciones, redacción de numerosas listas y hasta la práctica siempre espiritual de una oración incesante acerca de esa cosa difícil. Me lamento siempre por el tiempo que he desperdiciado en mi vida solo trazando círculos. Y además del tiempo perdido, sin yo darme cuenta los círculos comenzaron a cultivar en mí un estilo de vida lleno de estrés y ansiedad. Un estilo de vida que debería desechar en mi adultez.

Es un millón de veces más duro entrenar de nuevo tu persona adulta para dejar de hacer esos enloquecedores círculos y enfrentar primero las cosas más difíciles, de manera que se lo debemos enseñar a nuestros hijos mientras aún sean jóvenes. Y, como sucede con casi todo en este libro, lo que mejor enseñamos es lo que hemos tenido que luchar para aprenderlo nosotras mismas.

Como adulta, todavía tomando un entrenamiento correctivo, he aquí algunas cosas que he aprendido en cuanto a hacer primero lo más difícil.

Algunas veces, lo más difícil del día nos ha parecido como algo que podría albergar algún conflicto. Retrasar lo difícil me enseñó a ser una persona que evita el conflicto en lugar de enseñarme a ser una que resuelve el conflicto con gracia.

La mayoría de las cosas que mi cabeza clasificaba como difíciles resultaban no ser tan difíciles. Soy capaz de exagerar las cosas, en especial con el propósito de dejarlas para el otro día. La mayoría de las cosas que otras personas me decían que serían difíciles, tampoco resultaban tan difíciles. Las otras personas también pueden exagerar.

Hacer primero la cosa más difícil es algo que cultiva la fortaleza de carácter. Andar en círculos alrededor de lo difícil es cultivar una debilidad y una inseguridad mayores.

Muchas veces he ido retrasando el enfrentamiento con las cosas más difíciles a causa de mis temores y mis inseguridades. Algunos de mis temores son razonables y se basan en mis experiencias de vida. Aprender a hacer primero lo difícil me ha enseñado que hay una diferencia entre el temor real y el temor fabricado. El temor fabricado es la clase de «drama de la vida real» en el que no quiero participar.

Para enfrentarse primero a las cosas difíciles hace falta una actitud optimista. El pesimista es el que sigue trazando círculos.

Aun cuando algo resultó ser de veras lo más difícil que hiciera jamás, tenerlo atrás en lugar de tenerlo delante era un logro grandioso y dador de paz.

Hablo por años de experiencia cuando digo que la mayoría de los seres humanos se intimida con facilidad por las cosas grandes y difíciles. A esa cosa difícil le ponemos la etiqueta de *imposible* y decidimos que no la podemos hacer. Así que ni siquiera lo intentamos, y la cosa difícil es la que gana, y recordamos la vida pensando en cómo habría podido ser.

¡Dios quiera que no les suceda eso nunca a nuestros muchachos! No quiero que mis hijos vivan atascados en el pantano que es la costumbre de dejarlo todo para mañana. No quiero que vivan con temor a las cosas difíciles ni demasiado inseguros para intentar esas cosas que este mundo llama «difíciles». Como su mamá, sé que se crearon para mucho más que para crecer y después vivir atascados. La vida es demasiado valiosa y su propósito es demasiado grande para desperdiciarla.

La preparación de nuestros hijos varones para que hagan las cosas más difíciles involucra dos habilidades necesarias:

Pensar como vencedor.

Levantarse y empezar a hacerlo.

Los que piensan como vencedores saben que en la vida hay muy pocas cosas que sean imposibles en su totalidad y por completo. Casi todas las cosas difíciles tienen solución. Tal vez yo no tenga la respuesta, pero puedo pedir ayuda hasta que encuentre a alguien que tenga esa respuesta. Los que piensan como vencedores no le temen a lo desconocido. Mantienen el corazón abierto al aprendizaje y al crecimiento a medida que van superando nuevas cosas difíciles.

Los que se levantan y empiezan a hacerlo, no dejan nada para más tarde porque sea difícil de hacer. Tienen que cortar el césped durante el fin de semana, de manera que eso es lo primero que hacen el sábado por la mañana. Tienen un ensayo de literatura que escribir, así que en las dos horas libres que tienen en la escuela se van a la biblioteca para comenzar a escribirlo. Dejar de hacer primero lo más difícil equivale a postergarlo para mañana. Y esto es algo que pronto se convierte en un hábito cuando nuestra vida mental está llena de temores e inseguridades.

Cuando le enseñas a tu hijo a hacer primero las cosas más difíciles, creas en su carácter una fuerte ética de trabajo. Le enseñas a ser un pensador creativo. Un buscador de soluciones. Un solucionador de problemas.

Le confirmas que su mente puede hacerlo. Que su cuerpo puede lograrlo. Que puede hacer más de lo que él mismo se imagina. Lo haces apoyarse en esta hermosa verdad de las Escrituras: Todo lo que tu mano halle para hacer, hazlo según tus fuerzas. Lo preparas para vivir con propósito, sin trabas por los temores y las inseguridades infundados.

Cuando le enseñas a tu hijo cómo hacer primero las cosas más difíciles, la tentación de las cosas triviales perderá su poder para distraerlo. Y las cosas mayores que podría perderse se convertirán en su propósito y su gozo.

Así que mi oración por ti y por mí es para que seamos modelos de estas verdades ante nuestros hijos y se las enseñemos.

Las cosas difíciles son grandes cosas a la espera de que sucedan.

Las cosas difíciles son victorias a la espera de que las celebremos.

Las cosas difíciles son legados a la espera de que los escribamos.

51

Un hijo necesita que su mamá

Le demuestre que no es malo que un buen trabajo lo canse

Todo lo que hagan, háganlo de corazón,
como para el Señor y no como para la gente.

Colosenses 3:23, RVC

Por lo visto, los dos muchachos que Dios escogió para mí son chicos normales, comunes y corrientes. Siempre han sido de esa clase de muchachos que se pueden pasar horas dándole patadas a un balón de fútbol o montando una patineta sin que les molesten en absoluto un torrencial aguacero, las punzadas del hambre ni un poco de sangre. Como casi todos los muchachos, cuando están haciendo algo que les gusta, se concentran por completo. El tiempo parece detenerse para ellos. El mundo desaparece. Están centrados en lo que hacen. Decididos. Incansables.

Nadie trabaja más duro para divertirse que los muchachos varones.

Sin embargo, cuando eran pequeños aún, sucedían las cosas más locas. Si yo hablaba de descargar la lavadora de platos o correr al segundo piso en busca de ropa sucia para lavar, a esos muchachitos llenos de energía e inmunes ante el dolor parecía faltarles poco para caer en un colapso. Las piernas se les doblaban bajo el peso de su agotamiento. Les aparecían dolores de cabeza. Recordaban que tenían que hacer tareas. Cualquiera pensaría que les pedía que fueran al monte Everest a buscar la ropa para lavar o que vaciaran de platos todo un cañón. Me miraban como pensando: *¿Qué clase de madre es capaz de pedirles cosas tan difíciles a unos muchachos comunes y corrientes?* Además tenían hambre. Y sus piernas apenas podían moverse.

¡Cuánto pesa el trabajo cuando en su lugar uno podría estar jugando al máximo de sus fuerzas!

Cuando un cuerpo sano puede jugar con una energía sin límites, pero se derrumba ante la presencia del trabajo, este es un problema que tienen que enfrentar las mamás.

La Biblia dice que todos nacemos con una naturaleza de pecado. Esa parte de nosotros es la que quiere escoger lo que no es bueno, incluso después de saber lo que es bueno que debamos hacer. Debido a nuestra naturaleza, muchas veces el placer puede triunfar sobre la responsabilidad, en especial cuando tiene que ver con los platos. Y porque es más divertido tomar la decisión de jugar, los niños pequeños podrían inclinarse a desmoronarse apenas se habla de trabajar. En cambio, los grandes hombres han aprendido a ofrecerse como voluntarios cuando se necesita trabajo. Nuestros hijos varones son grandes hombres en entrenamiento.

Aun así, esto es lo que vuelve difícil enseñarles a nuestros hijos a escoger el trabajo. Algunas veces, nos es más fácil hacer algo nosotras mismas que dirigir y volver a dirigir a un quejumbroso pequeño (o adolescente) para que escoja el trabajo. Lo cierto es que siempre será más fácil enjuagar un tazón de cereal en paz que llamar a mi hijo para que baje del segundo piso y pedirle que enjuague su tazón y lo ponga en el lavaplatos. Vaya, yo puedo enjuagar y poner en el lavaplatos veinte tazones en el tiempo que me toma gritar desde abajo de las escaleras tres veces, terminar subiendo para tocarle en la puerta de su cuarto, hablarle a una persona medio dormida que toma una siesta y después quedarme en su cuarto hasta que tenga los dos pies en el suelo y se vaya arrastrando hacia la cocina.

Por amor de Dios, preferiría hacer las cosas yo misma. Siempre.

En cambio, cuando las hago yo misma, renuncio a mi responsabilidad como mamá. En esta pequeña familia, yo soy la vicepresidenta a cargo del entrenamiento doméstico. Estoy agradecida de que sea el Señor el que gobierne este lugar, pero aun así, yo sigo teniendo un trabajo que hacer y por eso debo tener siempre presente mi misión.

Nuestra meta es criar hijos que se conviertan en hombres de Dios maduros y responsables.

Cuando recuerdo la misión que se me ha encomendado, decido no hacer esa cosa que él debía hacer. Y prefiero pasar por todos los olvidos, las excusas o los ojos en blanco porque el mundo necesita más hombres grandes que ya no vivan con sus mamás.

Desde sus primeros días, les debemos enseñar a nuestros hijos varones que la palabra *trabajo* no es una mala palabra que se deba evitar cueste lo que cueste. Necesitan comprender que el trabajo hecho a propósito es bueno. Proveer para una familia y un hogar es trabajo bueno y deliberado. Algunos días, el buen trabajo significa llevar a cabo un emocionante plan de negocios. Otros días, significa rastrillar las hojas muertas en el patio.

Nosotros les servimos de mentores cuando hacemos un buen trabajo delante de ellos. Los instruimos cuando hablamos y soñamos acerca del buen trabajo que se debe hacer. Los inspiramos muchos días cuando trabajamos hasta agotarnos y después le damos gracias a Dios por la bendición de hacer un trabajo importante.

Los hombres maduros y responsables aprendieron a pararse cuando hay trabajo. Aun si ese trabajo los puede agotar. Aun si tienen que realizarlo solos. Aun si les lleve más tiempo del planeado. Aun si se presentan obstáculos. Y aun si nadie los aplaude, les da las gracias ni les escriban con luces de colores el nombre del buen trabajo realizado.

Los hombres maduros son capaces de retrasar el placer hasta terminar el trabajo.

Los hombres maduros escogen el trabajo fuerte y necesario, aunque los canse.

Los hombres maduros son independientes y capaces de escoger el trabajo sin que haya que empujarlos, motivarlos o enojarse.

Y después del buen trabajo, descansamos, jugamos y adoramos a Aquel que nos da la capacidad de trabajar.

52

Un hijo necesita que su mamá

Le regale su Nintendo 64 al refugio para indigentes

El alma generosa será prosperada, y el que riega será también regado.

Proverbios 11:25

Antes de comenzar, me gustaría decir una cosa. Cuando tuvo lugar este pequeño acontecimiento, de veras que no tenía ni idea.

Hace unos doce años, yo era una madre soltera con cuatro niños pequeños. También era la que conseguía las finanzas que entraban en la casa. En realidad, Jesús era nuestro Proveedor y la mayoría de mis problemas se producía en los días en que olvidaba ese detalle. Me avergüenza decirte con cuánta frecuencia me encuentro en medio de un ataque abierto de pánico, preguntándome cómo voy a hacer para pagar las deudas del mes, antes de recordar quién soy. Y lo mucho que Él me ama. Y todas esas promesas que Él nos ha hecho.

> Por lo tanto les digo: No se preocupen por su vida, ni por qué comerán o qué beberán; ni con qué cubrirán su cuerpo. ¿Acaso no vale más la vida que el alimento, y el cuerpo más que el vestido? Miren las aves del cielo, que no siembran, ni cosechan, ni recogen en graneros, y el Padre celestial las alimenta. ¿Acaso no valen ustedes mucho más que ellas? ¿Y quién de ustedes, por mucho que lo intente, puede añadir medio metro a su estatura? ¿Y por qué se preocupan por el vestido? Observen cómo crecen los lirios del campo: no trabajan ni hilan, y aun así ni el mismo Salomón, con toda su gloria, se vistió como uno de ellos. Pues si Dios viste así a la hierba, que hoy está en el campo y mañana se echa en el horno, ¿no hará mucho más por ustedes, hombres de poca fe? (Mateo 6:25-30, RVC).

Por fortuna, Dios es siempre fiel y bondadoso en especial con las mamás olvidadizas como yo.

En esos años, nuestra familia de cinco personas vivía de la manera más frugal que podía. Yo quería honrar lo que nos proveía Dios al cuidar de nuestras cosas y al enseñarles a los niños a cuidar sus juguetes. Era necesario que todo cuanto teníamos durara lo más posible y quería que ellos entendieran que todas las cosas que teníamos eran regalos de la mano de Dios, para cuidarlos en vez de descuidarlos.

En esa época, según sus cálculos, mis dos hijos varones eran las últimas personas del planeta que no tenían el nuevo sistema de videojuegos llamado PlayStation. Solo teníamos la vieja Nintendo 64 que a mí me parecía que funcionaba muy bien. Sin embargo, se acercaba la Navidad, así que fui ahorrando un poco de dinero cada mes hasta que por fin pude conseguir la fantástica caja de juego que sorprendería a esos dos en la mañana de Navidad.

Al llegar el día de Navidad, esa nueva y resplandeciente PlayStation logró justo lo que esperaba que hiciera. Envió a dos muchachitos a la luna llenos de gozo y agradecimiento. Estaban MUY FELICES de tener su propio y más fantástico juguete que se construyera jamás. Desconectamos del televisor la Nintendo 64 y lo sustituimos de inmediato con la resplandeciente PlayStation nueva. A partir de ese día, en mi casa todo tendría que ver con la PlayStation. O eso creía yo.

No estoy segura sobre el tiempo que transcurrió entre esa gozosa mañana de Navidad y lo que sucedió después. Tal vez fuera un mes. Tal vez tres. En realidad, no estoy segura. Un día, en cambio, se me ocurrió que quizá hubiera niños pequeños en el refugio de indigentes que no tendrían videojuegos para jugar y que tal vez se sintieran muy contentos con una vieja Nintendo 64. Así que me fui directo a casa y cargué con toda aquella cosa: la caja del juego, los cordones, las conexiones y todos los juegos que pude encontrar. Donkey Kong, Súper Mario, Madden NFL y Smash Brothers. Después cargué cuanta cosa de la Nintendo teníamos hasta el refugio de indigentes. El administrador se alegró de recibir todas nuestras cosas y eso me hizo feliz a mí también.

Recuerda, yo no tenía ni idea.

Algún tiempo después que regalé aquella cosa, tal vez unos cuantos meses más tarde, los muchachos vinieron a buscarme.

—Mamá, ¿has visto nuestra Nintendo 64?

—Sí, la he visto.

—No la podemos encontrar. ¿Dónde la pusiste?

—Bueno, después que ustedes recibieron la PlayStation, pensé que a los muchachos del refugio para indigentes les podría gustar su Nintendo, así que la cargué en el auto y se la regalé a ellos.

Grayson y William se quedaron desconsolados.

—¿Que hiciste *qué*? —me preguntaron.

—Se la regalé a unos niños pequeños que no tienen juegos de ninguna clase. En realidad, ni siquiera tienen una casa, así que me pareció que se iban a poder divertir con unos cuantos videojuegos.

Impasibles ante la triste situación de los indigentes y mis razonamientos, me rogaron:

—¿Por qué regalaste nuestra Nintendo?

—Porque ustedes recibieron una PlayStation totalmente nueva en las Navidades. La Nintendo estaba allí sin que nadie la usara. Pensé que otros muchachitos podrían disfrutarla.

—MAMÁ, eso era nuestro. Nosotros íbamos a jugar de nuevo con ella. Esa Nintendo era especial. Era un recuerdo.

—Lo siento, muchachos. Yo no creía que lo fueran a echar de menos porque estaban locos con la PlayStation. Sin embargo, ya se fue y no la puedo recuperar. Además, hay otros muchachos que están felices con ella.

Impasibles aún ante mi generosidad o la idea de que otros muchachos estuvieran felices, se aseguraron de hacer que yo entendiera cómo se sentían ellos:

—Mamá, esto es terrible. Ni siquiera nos preguntaste. Solo la tomaste y la regalaste con todos nuestros juegos tan estupendos. Nosotros queríamos conservar esos juegos.

No necesito decirte que no tenía ni idea de la forma en que se sentían esos dos con respecto a sus videojuegos de la Nintendo 64. Mi mentalidad era más bien de *Fuera lo viejo y venga lo nuevo*. En realidad, no tenía idea.

Por lo menos una vez al año desde el fiasco de la Nintendo, mis dos muchachos se han encargado de recordarme aquel tiempo en que regalé su preciosa Nintendo 64. Aún hoy, los muchachos tienen veinte y dieciocho años, y cuando les pregunto acerca de esto, todavía dan la impresión de recordar una muerte. *Cuando yo. Regalé. Su Nintendo.*

He aquí la sincera verdad. Yo regalaría de nuevo esa Nintendo en menos de un minuto.

En cambio, si pudiera volver a hacer todo eso, la regalaría de una manera distinta la próxima vez.

Si pudiera regresar, les diría a los muchachos que nosotros ya no necesitábamos la Nintendo y que se la llevaríamos a unos niños que no tenían ningún videojuego. Los montaría en el auto junto con los juegos e iría con ellos al refugio para indigentes. Llamaría por adelantado al administrador y le preguntaría qué momento era bueno para que mis muchachos pudieran ir a instalar su Nintendo en el lugar de recreación. Les pediría permiso a mis muchachos para enseñarles a otros muchachos a jugar con el Mario y el Donkey Kong. Después entraría con ellos y dejaría que recibieran el gozo de dar algo que ya no necesitaban. No me importaría que volvieran al auto haciendo pucheros. No los escucharía si me dijeran que querían guardar de recuerdo su polvoriento Nintendo.

Entonces, si lo pudiera hacer de nuevo, disfrutaría con ellos el gozo.

La mayoría de las veces, dar es más importante que conservar. Al fin y al cabo, ¿qué son esos recuerdos si no un montón de trastos acumulados en mi ático? Preferiría con mucho que esas cosas hicieran reír y sonreír a unos muchachos hoy, a que las subastaran en un mercadillo dentro de veinte años.

Los hijos necesitan que su mamá les enseñe a darles a otros esas cosas que consideran preciosas. No creo haber hecho un gran trabajo con esta lección, ¡pero cuánta esperanza tengo de que tú hagas un trabajo mejor que el mío!

Quiera Dios que nuestros hijos lleguen a comprender lo hermoso que es disfrutar de algo por un tiempo y después multiplicar su gozo regalándolo.

53

Un hijo necesita que su mamá

Le enseñe a dar un poco más de lo que se le exige

Traten a los demás tal y como quieren que ellos los traten a ustedes.

Lucas 6:31, NVI®

Me siento muy honrada de ver que has gastado un dinero que tanto te costó ganar a fin de comprar este libro con sus cincuenta y dos cosas. Cuando pusiste en el mostrador esos dólares o hiciste clic en el botón que decía «Compre ahora», me imagino que esperabas cincuenta y dos cosas buenas y valiosas. Espero que ahora sientas que esas cincuenta y dos cosas valieron tu tiempo y tu dinero. Y espero que te hayan dado ánimo.

No obstante, si te parece bien, me gustaría ofrecerte una cosa más. Me doy cuenta de que nunca te imaginaste que fuera posible que te mintiéramos de frente en la portada. Mi casa editora solo me pidió cincuenta y dos. Yo firmé un contrato para escribir cincuenta y dos, y como pude comprobar, en ese complicado contrato de publicación no había cláusula alguna que me impidiera darte más de lo que te prometí.

Te ruego que aceptes esta última cosa como un regalo mío. Quería que sacaras de este librito más de lo que esperabas. Un poco más extra. Una sorpresa cuando no se esperaba ninguna. Quería que tuvieras un poco más sin fanfarrias de ninguna clase. Y sin que un habilidoso charlatán gritara: «¡Compre cincuenta y dos y reciba una gratis!».

Esta cosa extra es al mismo tiempo un mensaje y el punto del mensaje.

Los hijos varones necesitan que su mamá les enseñe a dar un poco más de lo que se les exige. Sin bombo y platillo. Sin resentimientos. Y sin tener la esperanza de que se les recompense en algún momento. Nuestros muchachos necesitan aprender que hay gozo en dar o en hacer algo que nadie esperaba que hicieran.

Muchos días, mi esposo se pone una muñequera que dice: «Supera las expectativas». El año pasado mandó a imprimir centenares de esas muñequeras para regalárselas a sus compañeros de trabajo. Él tiene la esperanza de que si alguien se pone una en la muñeca, comience a recordar ese principio. Cuando alguien decide comprar un camión o darle servicio en su compañía, Scott quiere que esa persona salga más que satisfecha. Quiere que reciba más de lo que esperaba.

La estrategia de ese «poco más» es excelente en el mundo de los negocios, y si yo tuviera un negocio, haría lo mismo. Vaya, hasta es posible que tuviera pequeños recordatorios colgados de las computadoras y letreros lumínicos destellando encima de las personas para recordarles a los que trabajen en mi compañía que deben hacer un poco más de lo que les exige el cliente.

«Supera las expectativas» es también una brillante estrategia para el estudiante entendido. Muchas veces, les solía preguntar a mis muchachos: «¿Qué quiere tu maestra que hagas en esta tarea?». Entonces, después de oír todo lo que decían sobre lo mucho que tienen que hacer en la tarea, les decía algo como esto: «Muy bien, para conseguir una A, haz eso bien y añade un poco más». A continuación, se daban desmayos repentinos y algunas otras cosas que se parecían a los desmayos.

Sin embargo, hacer más de lo que se espera es solo actuar con inteligencia. Tanto si eres hombre de negocios, como si eres estudiante, es un plan brillante que produce grandes recompensas.

Por estupendos que sean las buenas notas o el que vuelvan a acudir a nosotros los clientes, no tengo la intención de que la búsqueda de una de estas cosas, o de ambas, sea mi último consejo para ti. He aquí lo más importante en este mensaje. Quiero que mis muchachos tengan deseos de hacer un poco más, aunque eso no les produzca de manera directa algún beneficio o provecho. Y que lo hagan *en especial* cuando no van a conseguir nada.

Esa manera de dar está en sintonía con el espíritu de estas palabras de Jesús: «Al que quiera ponerte pleito y quitarte la túnica, déjale también la capa. Y cualquiera que te obligue a ir una milla, ve con él dos» (Mateo 5:40-41).

Un seguidor de Jesús vive pensando siempre en servir, buscando formas de hacer más por las personas con las que se encuentra. En mi casa, a esto le llamamos «ser una bendición». No obstante, comoquiera que lo enmarques, dar más de lo que es necesario es la bondad pura. Pablo dice en su epístola a los Gálatas que la bondad es parte del «fruto del Espíritu». Eso quiere decir que es uno de los rasgos que crecen en los hombres que tienen una relación con Jesucristo.

La labor de enseñarles a nuestros hijos varones a dar un poco más de lo que se les exige puede comenzar de las maneras más sencillas.

Pidiéndole a tu niño pequeño: «Si cortamos una flor de nuestro patio para darle una sorpresa a la abuela, muéstrame cuál flor crees que le gustaría más».

Tener una conversación con tu niño que ya va creciendo.

—Cuando están en el recreo, ¿has visto alguna vez a algún muchacho que no tiene nadie con quien jugar?

—Sí, hay un muchacho que casi siempre se queda allí solo. En realidad, nadie habla con él. Es un poco odioso.

—A veces, alguien se vuelve odioso cuando tiene miedo de que le hagan daño o está cansado de que se metan con él.

El niño guarda silencio porque está procesando lo que le acabas de decir.

—¿Por qué no pruebas algo? Mañana, cuando estés en el patio, acércate a él corriendo y pídele que vaya a jugar contigo y con tus amigos. Dale un lugar fácil dentro del equipo. Si te dice que no, pregúntale de nuevo al día siguiente. Y al siguiente. Tal vez te rechace una y otra vez, pero al menos sabrás que trataste de bendecirlo. Y nunca se olvidará de que tú lo tratas de tener en cuenta.

—Pero mamá, es que de veras es un odioso.

—Te creo. Aun así, ¿te atreves a intentarlo? Estoy deseosa por saber lo que va a suceder.

O le recuerdo hoy a mi estudiante de último año del instituto cuando sale corriendo por la puerta: «¿Por qué no te llevas otra caja extra de jugo* para tu amigo? Seguro que le va a agradar que te acordaras de él».

«Buena idea, mamá».

Enseñarles a nuestros hijos varones a hacer un poco más de lo que están obligados a hacer es una bondad que los llena de gozo.

¿Que algún día alguien se va a aprovechar de su bondad? Sí.

¿Que les va a doler que rechacen su gesto de bondad? Siempre duele.

¿Que alguien va a malinterpretar su bondad? Puedes estar segura.

Este mundo llama grande a un hombre por muchas razones. Por sus logros académicos. Por su éxito en los negocios. Por sus victorias militares. Por su progreso en el mundo de la política. Por sus habilidades atléticas. Por su sabiduría espiritual. A los hombres que van tras lo mejor y más excelente se les llama grandes, como debe ser.

Sin embargo, ¿qué me dices cuando un hombre grande es bondadoso también?

Dios mío, que así sea para mis hijos y para los tuyos.

Por la gracia de Jesús y por el poder del Espíritu Santo, Dios permita que nuestros hijos se conviertan en grandes hombres que también sepan ser bondadosos.

---

* Sí, tiene dieciocho años. Todavía bebe cajas de jugos.